Cahier d'activités

accompagnant l'ouvrage Recueil de lecture

6ᵉ année

Rédaction	: Jeanne Cantin
	Brigitte Cyr
	Jean Lessard
Coordonnatrice du projet	: Céline Renaud-Charrette
Conception graphique et couverture	: Jo-Anne Labelle
Mise en page	: Sylvie Fauvelle

Le ministère de l'Éducation de l'Ontario a fourni une aide financière pour la réalisation de ce projet. Cet apport financier ne doit pas pour autant être perçu comme une approbation ministérielle pour l'utilisation du matériel produit. Cette publication n'engage que l'opinion de ses auteures et auteurs, laquelle ne représente pas nécessairement celle du Ministère.

© CFORP, 2003
   435, rue Donald, Ottawa (Ontario) K1K 4X5
   Commandes : Tél. : (613) 747-1553
            Téléc. : (613) 747-0866
            Site Web : www.cforp.on.ca
            C. élec. : cforp@cforp.on.ca

ISBN 2-89581-062-1
Dépôt légal — deuxième trimestre 2003
Bibliothèque nationale du Canada

Imprimé au Canada ♲ Printed in Canada

6e année

Table des matières

Texte humoristique

Roman

Préambule

Ce recueil présente aux enseignantes et aux enseignants des modèles variés de questions et de tâches à proposer aux élèves de 6e année pour exploiter les textes du *Recueil de lecture*. Ces questions et ces tâches permettront aux élèves de développer des compétences en lecture.

Les questions et les tâches sont classées selon les quatre compétences du curriculum de français : le raisonnement, la communication, l'organisation des idées et le respect des conventions linguistiques. De plus, des pistes sont proposées pour offrir aux élèves des défis en écriture et à l'oral. Enfin, des gabarits de préécriture peuvent être imprimés dans le but de structurer la tâche à cette étape du processus d'écriture concernant ces différents types de textes.

Le matériel est disponible en deux formats : imprimé et électronique. Le format imprimé permet de voir l'ensemble des questions et des tâches proposées pour chaque texte. Si l'on reproduit ces documents, il est possible de cocher la case devant les questions et les tâches que l'on aura sélectionnées en vue de les soumettre aux élèves. La copie deviendra une feuille de route pour guider l'élève. Elle ou il effectuera le travail dans un cahier, à l'ordinateur ou autrement, selon le cas.

La version électronique est interactive. Elle permet aux enseignantes ou aux enseignants de naviguer dans la banque de questions et de tâches pour en sélectionner, selon leurs besoins, à l'écran. Elles et ils impriment alors des feuilles de route personnalisées pour leurs élèves. Il est possible d'ajouter de nouvelles questions à cette banque. De plus, des liens entre les textes de type semblable dans les autres années d'études permettent aux enseignantes ou aux enseignants d'exploiter aussi ces ressources.

Version électronique

Pour illustrer les possibilités d'exploitation de la version électronique de cet outil, voici quatre feuilles de route différentes produites par le logiciel. Pour un même texte, mais avec des intentions différentes, les choix faits par l'enseignant ou l'enseignante peuvent donner des résultats semblables à ceux énumérés ci-dessous.

Exemple 1

Feuille de route – Élève A

Les tournées scolaires à Sainte-Marie-au-pays-des-Hurons : Une interprète parle
Pages 142 à 144

☐ Dans le texte, trouve les informations suivantes :
- a) Quel est le site touristique présenté dans l'article?
- b) Où est-il situé?
- c) Quel est son but?
- d) Quelle proportion des visiteurs et des visiteuses de ce site touristique sont des jeunes francophones?
- e) Comment réagissent les jeunes des grandes villes lorsqu'ils visitent ce site?

☐ Explique le sens de ces mots, relevés à la page 142. Explique la méthode que tu as utilisée pour trouver le sens de chaque expression. une mission, des interprètes, l'évangélisation, Ouendats, la dispersion

☐ Examine les photos qui accompagnent cet article. À chacune d'elles, écris une phrase explicative qui pourrait apparaître en-dessous.

☐ Les adjectifs ci-après prennent la finale -sse au féminin : bas, gras, las, épais, gros, métis, faux et roux. Compose trois phrases où tu utiliseras plusieurs de ces mots, au féminin.

☐ Les participes passés employés sans auxiliaire ressemblent à des adjectifs qualificatifs : ils s'accordent en genre et en nombre avec les noms ou les pronoms auxquels ils se rapportent. Dans le texte, trouve au moins trois exemples de participes passés employés sans auxiliaire. Note, pour chacun, le verbe à l'infinitif et le mot avec lequel il s'accorde en genre et en nombre. Exemple : les maladies importées par les Français... (verbe importer, s'accorde avec maladies).

☐ Les noms qui se terminent en -au et -eu prennent, généralement, un x au pluriel. Prépare une grille de mots cachés où tu cacheras au moins quinze de ces mots qui prennent un x au pluriel. Trouve quelques mots qui échappent à la règle et insère-les, eux aussi, dans la grille.

☐ À chacun des mots ci-dessous, tirés du texte, note un synonyme et un antonyme. inoubliable, remonte, allumer, travailler, jeunes, intéressés

Exemple 2

Feuille de route – Élève B (modification de programme)

Les tournées scolaires à Sainte-Marie-au-pays-des-Hurons : Une interprète parle
Pages 142 à 144

☐ Dans le texte, trouve les informations suivantes :
- a) Quel est le site touristique présenté dans l'article?
- b) Où est-il situé?
- c) Quel est son but?
- d) Quelle proportion des visiteurs et des visiteuses de ce site touristique sont des jeunes francophones?
- e) Comment réagissent les jeunes des grandes villes lorsqu'ils visitent ce site?

☐ Fais le bilan de tes connaissances au sujet de l'histoire des Français et des autochtones, au début de la colonisation.

☐ Examine les photos qui accompagnent cet article. À chacune d'elles, écris une phrase explicative qui pourrait apparaître en-dessous.

☐ Les adjectifs ci-après prennent la finale -sse au féminin : bas, gras, las, épais, gros, métis, faux et roux. Compose trois phrases où tu utiliseras plusieurs de ces mots, au féminin.

☐ Les noms qui se terminent en -au et -eu prennent, généralement, un x au pluriel. Prépare une grille de mots cachés où tu cacheras au moins quinze de ces mots qui prennent un x au pluriel. Trouve quelques mots qui échappent à la règle et insère-les, eux aussi, dans la grille.

☐ Lorsque les mots le, la, je, me, te, se, de, ne et que sont devant un mot qui commence par une voyelle ou un h muet, on fait une élision; c'est-à-dire qu'on remplace la dernière voyelle par une apostrophe. On écrit «l'heure» et non «la heure» ou «j'ai» et non «je ai». Trouve des exemples d'élision, dans ce texte et ailleurs, avec chacun des mots énumérés ci-dessus. Par exemple, le : l'ouest, l'avion.

Exemple 3

Feuille de route – Communication et tâches d'écriture

Les tournées scolaires à Sainte-Marie-au-pays-des-Hurons : Une interprète parle
Pages 142 à 144

☐ Pourquoi y a-t-il des guillemets « » dans ce texte?

☐ Quels renseignements trouve-t-on dans le titre? Propose un autre titre à cet article.

☐ Outre la mission de Sainte-Marie-au-pays-des-Hurons, la région touristique de la baie Georgienne possède plusieurs attraits touristiques. Prépare un dépliant publicitaire qui présente cette région touristique.

☐ Choisis une publication, soit un journal ou un magazine. Écris un court paragraphe qui décrit cette publication. Dans ce paragraphe, réponds aux questions suivantes :
Quel est le nom de la publication?
Qui est le public cible de cette publication? Pourquoi?
Quel est le coût de cette publication? Comment peut-on se la procurer?
Trouve des mots qui décrivent cette publication (quotidien, régional, national, hebdomadaire, mensuel, imprimé, électronique, etc.).

☐ Imagine que tu es l'interprète responsable de la visite d'un groupe-classe de 6ᵉ année. Planifie l'horaire d'une journée sur le site. Tu peux consulter le site Internet du site de Sainte-Marie-au-pays-des-Hurons pour obtenir plus d'information.

Exemple 4

Feuille de route – Tâche d'évaluation

Les tournées scolaires à Sainte-Marie-au-pays-des-Hurons : Une interprète parle
Pages 142 à 144

☐ Dans le texte, trouve les informations suivantes :
a) Que veut dire «Ouendats»?
b) Pourquoi les Français abandonnent-ils la mission Sainte-Marie en 1649?

☐ À ton avis, que fera Danielle quand elle aura terminé ses études à l'université?
Justifie ta réponse à l'aide des passages du texte.

☐ Justifie l'utilisation des majuscules et des minuscules dans les phrases suivantes :
a) Visiter la mission de Sainte-Marie-au-pays-des-Hurons...
b) Les francophones du Québec et de l'Europe sont toujours très étonnés de découvrir qu'il y a des Franco-Ontariens ici.
c) ...leurs efforts d'évangélisation des autochtones hurons.
d) Sainte-Marie se trouve au bord de la baie Georgienne...
Comment expliquerais-tu à quelqu'un les règles régissant l'utilisation des lettres majuscules et minuscules?

☐ Les participes passés employés sans auxiliaire ressemblent à des adjectifs qualificatifs : ils s'accordent en genre et en nombre avec les noms ou les pronoms auxquels ils se rapportent.
Dans le texte, trouve au moins trois exemples de participes passés employés sans auxiliaire. Note pour chacun le verbe à l'infinitif et le mot avec lequel il s'accorde en genre et en nombre.
Exemple : les maladies importées par les Français... (verbe importer, s'accorde avec maladies).

☐ Lorsque les mots le, la, je, me, te, se, de, ne et que sont devant un mot qui commence par une voyelle ou un h muet, on fait une élision; c'est-à-dire qu'on remplace la dernière voyelle par une apostrophe.
On écrit «l'heure» et non «la heure» ou «j'ai» et non «je ai».
Trouve des exemples d'élision, dans ce texte et ailleurs, avec chacun des mots énumérés ci-dessus.
Par exemple, le : l'ouest, l'avion.

La francophonie, un monde à découvrir de plusieurs façons
Pages 137 à 139

RAISONNEMENT — Questions à répondre à l'aide des idées du texte.

☐ La langue française est-elle une langue populaire sur le plan international? Justifie ta réponse à l'aide de passages du texte.

☐ Dans le texte, trouve les informations suivantes :
a) Qui est Onésime Reclus?
b) Qu'est-ce que la Francophonie?
c) Quels sont les objectifs de la Francophonie?
d) Comment s'appelle la rencontre des chefs de gouvernements de pays francophones? Quand a-t-elle lieu?

☐ Dans le texte, trouve les informations suivantes :
a) Où ont eu lieu les premiers Jeux de la Francophonie? Où ont eu lieu les IVᵉˢ Jeux de la Francophonie?
b) Quels sont les deux volets des Jeux de la Francophonie? Note quelques disciplines de chacun des volets.
c) Explique ce qu'est le réseau TV5 et ce qu'il peut te permettre de faire. Pourquoi dit-on que ce réseau est peut-être la plus grande réalisation de la Francophonie?

☐ *Tu vois donc, en tant que francophone, que tu es loin d'être tout seul au monde.* Explique cette phrase à l'aide de données tirées du texte.

☐ Comment se fait-il que le Canada puisse participer à la Francophonie de même qu'au Commonwealth? À l'aide d'un diagramme de Venn, compare le Commonwealth à la Francophonie.

☐ Explique le sens de ces expressions, relevées à la page 137. Explique la méthode que tu as utilisée pour trouver le sens de chaque expression.
Donner ta langue au chat, à l'échelle de la planète, langue maternelle, y fait bonne figure, être tout seul au monde.

COMMUNICATION — Questions à répondre à l'aide des idées du texte et des connaissances et expériences personnelles.

☐ Le thème du huitième Sommet de la Francophonie, au Nouveau-Brunswick, était la jeunesse. Pourquoi la jeunesse joue-t-elle un rôle important dans la Francophonie?

☐ D'après toi, le Canada est-il un membre important de la Francophonie? Sers-toi de passages tirés du texte pour préciser tes idées et expliquer ton point de vue.

☐ Un magazine à la page! Présente un magazine en français aux membres de ton équipe. Décris le contenu typique de ce magazine. Trouve le coût d'un numéro et le coût d'un abonnement.

ORGANISATION DES IDÉES — Questions pour montrer la compréhension de l'organisation du texte.

☐ Note ces réalisations dans l'ordre qu'elles ont été présentées dans le texte.
- Création des premiers Jeux de la Francophonie.
- Création de la journée internationale de la Francophonie.
- Création du premier organisme intergouvernemental de la Francophonie.
- Création de la chaîne de télévision internationale TV5.
- Déclaration de l'année de la Francophonie par le gouvernement du Canada.

☐ Divise cet article de magazine en sections et propose un sous-titre à chacune d'elles.

☐ Un **article** est un écrit qui vise à renseigner le lecteur ou la lectrice sur un sujet en particulier. Sur quel sujet cet article nous renseigne-t-il?

☐ Note des directives à l'intention d'un ou d'une photographe qui prendra des photos pour accompagner cet article. Précise-lui le contenu souhaité des photos et signale l'endroit où elles seront insérées dans le texte.

RESPECT DES CONVENTIONS LINGUISTIQUES — Questions pour montrer la compréhension des conventions linguistiques apprises.

☐ Consulte le tableau de conjugaison d'un verbe du deuxième groupe, par exemple, celui du verbe *finir*.
Rédige des phrases qui contiennent les verbes suivants.
a) Garantir, deuxième personne du pluriel, présent de l'indicatif.
b) Grossir, troisième personne du singulier, imparfait de l'indicatif.
c) Investir, première personne du pluriel, passé composé de l'indicatif.
d) Punir, troisième personne du pluriel, futur simple de l'indicatif.
e) Réjouir, première personne du singulier, futur proche de l'indicatif.
f) Saisir, deuxième personne du pluriel, présent de l'impératif.

☐ Transforme les phrases ci-dessous en phrases interrogatives.
a) On a commencé à la diffuser au Canada en 1988.
b) Ce réseau est disponible dans l'ensemble du Canada en passant par le câble.
c) TV5 est peut-être la plus grande réalisation de la Francophonie.

☐ Trouve le nom des pays qui ont participé aux derniers Jeux de la Francophonie. En équipe de trois, dresse cette liste et trouve le nom donné aux habitants de ces pays. Par exemple, les habitants du Canada sont des Canadiens et des Canadiennes.

☐ Retrouve cette phrase dans l'article : «Tu donnes ta langue au chat?».
Que signifie cette expression? Explique-la au sens propre et au sens figuré.

☐ *La Francophonie a trois types d'objectifs : aider les nations qui parlent le français dans leurs relations politiques, économiques et de coopération.*
Le deux points (:) dans cette phrase sert à annoncer une énumération. Transcris une autre phrase de cet article qui utilise le deux points pour annoncer une énumération. Imite la structure de ces phrases et composes-en une, à ton tour.

☐ Dans l'esprit du thème de la francophonie, fais une recherche pour relever une dizaine d'anglicismes et leur correction.
(Exemple : plutôt que «faire sûr», dire «s'assurer de»).
Présente ta liste au groupe-classe.

ÉCRITURE (tâches ouvertes)

☐ En vue de ta participation aux prochains Jeux de la Francophonie, rédige une lettre de demande de renseignements pour connaître tout ce qui est nécessaire à ton inscription et à la planification de ton voyage.

☐ Crée une affiche faisant la promotion de la francophonie au Canada.

☐ Compose un poème au sujet de la langue française.

☐ Effectue une recherche qui relève les ressemblances et les différences culturelles entre la population franco-ontarienne et celle d'un autre pays.

☐ Résume brièvement ce qu'est la Francophonie. Prépare un aide-mémoire et présente ton exposé à un groupe-classe de quatrième ou de cinquième année.

☐ À l'aide des informations du texte, prépare une affiche qui invite les francophones à participer aux différentes disciplines des Jeux de la Francophonie.

COMMUNICATION ORALE (tâches ouvertes)

☐ Avec un ou une partenaire, situe, sur une mappemonde, les endroits où se trouvent des populations francophones. Analysez ensemble cette mappemonde et discutez de vos découvertes.

☐ Tu es journaliste du réseau TV5. Présente un bulletin de nouvelles relatant une activité spéciale qui a eu lieu lors de la journée internationale de la Francophonie.

☐ Mémorise un poème d'un auteur ou d'une auteure de la francophonie ontarienne. Récite-le devant ton groupe-classe.

☐ Apprends un conte folklorique de l'Ontario français. Raconte-le à ton groupe-classe.

☐ Mène une enquête dans ton entourage pour découvrir le genre d'émission de télévision française que les gens aiment regarder. Explique tes résultats à l'aide d'un tableau ou d'un diagramme.

Visite inattendue
Pages 140 et 141

RAISONNEMENT — *Questions à répondre à l'aide des idées du texte.*

☐ Énumère les traits de caractère de Gustave. Justifie ces qualités et ces défauts à l'aide d'éléments tirés du texte.

☐ Dans le texte, trouve les informations suivantes :

 a) À quel moment M. Laframboise a-t-il parlé au journaliste?

 b) Avec quels employés du gouvernement M. Laframboise a-t-il discuté de son aventure?

 c) Pourquoi Gustave était-il content de parler à Pascal Connêtou?

☐ Trouve, dans l'article de journal, ce qu'il est recommandé de faire si l'on voit un ours. Écris un aide-mémoire avec ces recommandations.

☐ Trouve le sens usuel, ou le sens propre, des mots ci-dessous. Explique ensuite le sens de ces mots dans les expressions tirées du texte.

froid :	«Lorsque j'ai repris mon sang **froid**...»
cloué :	...j'étais comme **cloué** au sol...
cible :	...a été la **cible** d'une visite inattendue.
bleu :	...a toujours eu une peur **bleue**...
bel :	...était **bel** et bien parti.

☐ Trouve dans le texte l'expression qui veut dire que :

 a) Gustave était **immobile** devant l'ours.

 b) Gustave **n'a subi aucune blessure** à la suite de sa rencontre avec l'ours.

 c) Gustave s'est **réveillé de sa torpeur**.

 d) Le tout s'est déroulé sans **accident**.

 e) Son rêve était **de voir son nom dans le journal**.

☐ Nomme les multiples émotions ressenties par Gustave ainsi que les mots qui les expriment.

Émotions	Mots du texte qui les expriment

COMMUNICATION — Questions à répondre à l'aide des idées du texte et des connaissances et expériences personnelles.

☐ Comment aurais-tu réagi si tu avais été face à face avec un ours, comme cela est arrivé à Gustave?

☐ *Il s'agit d'un incident qui se répète de plus en plus dans la région.*
À ton avis, qu'est-ce qui explique un tel agissement chez les animaux sauvages?

☐ Selon toi, comment le journaliste a-t-il pris connaissance de cette visite inattendue? En général, comment les journalistes dénichent-ils leurs sujets d'articles?

☐ Les visites inattendues de ce genre sont fréquentes au printemps et à l'été. Que pouvons-nous faire pour décourager la visite des ours :
   a) près de notre habitation?
   b) sur notre terrain de camping?

☐ Grâce aux conseils des employés du ministère des Richesses naturelles, Gustave pense qu'il agira autrement si ce genre d'événement se reproduit. De quelle façon, crois-tu qu'il agira s'il se retrouve de nouveau face à face avec un ours?

☐ Avec l'aide des membres de ton équipe, choisis un autre animal sauvage qui peut être dangereux. Renseignez-vous à son sujet et expliquez au groupe-classe la raison pour laquelle les humains devraient l'éviter.

☐ Lorsque M. et Mme Laframboise sont sortis de leur voiture, ils ont entendu un grognement. Participe à un remue-méninges avec un ou une partenaire et trouve plusieurs autres explications de ce bruit.

ORGANISATION DES IDÉES — Questions pour montrer la compréhension de l'organisation du texte.

☐ La ou le journaliste doit s'assurer que les faits, les noms et les dates relatés sont exacts. Reproduis le carnet de notes où le journaliste Pascal Connêtou a écrit toutes les informations importantes, dans le but de les inclure dans son article.

☐ Une description avec des mots clairs et précis :
un incident qui se répète de plus en plus dans la région vaut mieux qu'un adjectif :
un incident fréquent.
Remplace les adjectifs en italique par la description du texte.
   a) Gustave est *peureux*.
   b) Le quartier *surpeuplé*.
   c) Voici les mots exacts d'un homme *nerveux*.

☐ Transcris les événements de la visite inattendue dans l'ordre où ils sont présentés dans le texte.
- M. et Mme Laframboise entendent un grognement.
- M. Laframboise communique avec le ministère des Ressources naturelles.
- Gustave, pris de panique, n'arrive pas à s'échapper de l'ours.
- Gustave rencontre un ours noir.
- Gustave et sa femme se réfugient dans leur maison.

☐ Relis le premier paragraphe de l'article, qu'on appelle l'**amorce** et tente d'y trouver les éléments qui répondent aux questions ci-dessous. Ces éléments représentent les informations essentielles et importantes d'une amorce d'un article de journal.

Qui?	
Quoi?	
Quand?	
Où?	
Comment?	
Pourquoi?	

RESPECT DES CONVENTIONS LINGUISTIQUES — Questions pour montrer la compréhension des conventions linguistiques apprises.

☐ Écris les expressions ci-dessous au féminin singulier.
un époux attentif, un gros chien, un ours captif, un journaliste nerveux, un fier citoyen, un employé sérieux, un inspecteur prudent, un renard roux, un voisin inquiet, un ami secret

☐ Les pronoms interrogatifs *qui*, *que*, *quoi* et *lequel* indiquent ce sur quoi porte une question. Compose une question avec ces pronoms pour obtenir les réponses suivantes.
a) Mme Laframboise a poussé des cris d'horreur.
b) L'ours fouillait dans les ordures.
c) C'est M. St-Germain qui est garde-chasse.
d) Le jeune a réalisé son rêve de faire les manchettes.

☐ Rédige des phrases qui contiennent les verbes ci-dessous. Consulte un tableau de conjugaison, au besoin.
a) Pouvoir, deuxième personne du pluriel, présent de l'indicatif.
b) Détenir, troisième personne du singulier, imparfait de l'indicatif.
c) Reconnaître, première personne du pluriel, passé composé de l'indicatif.
d) Savoir, troisième personne du pluriel, futur simple de l'indicatif.
e) Revenir, première personne du singulier, futur proche de l'indicatif.
f) Prévoir, deuxième personne du pluriel, présent de l'impératif.

☐ Lorsqu'une proposition se rapporte à un mot d'une autre proposition, on dit qu'elle est subordonnée. Les conjonctions de subordination : *qui*, *que*, *comme*, *lorsque*, *puisque*, *quand*, *quoique* et *si*, sont des mots invariables qui servent à introduire une proposition subordonnée.

Remplace les propositions subordonnées en italique, et compose de nouvelles phrases. Les nouvelles propositions doivent se rapporter aux mots soulignés.

Exemple : Voici les mots exacts de <u>M. Laframboise</u> **qui** *tremblait encore d'émotions.*

Voici les mots exacts de <u>M. Laframboise</u> **qui** *parlait vite et sans articuler.*

a) Il s'agit <u>d'un incident</u> **qui** *se répète de plus en plus dans la région.*

b) <u>M. et Mme Laframboise</u> sortaient de leur voiture **lorsqu'ils** *ont entendu un grognement.*

c) Je <u>ne croyais pas</u> que c'était une bonne idée **puisque** *le quartier n'est pas sécuritaire.*

d) Son époux a été accueilli par <u>un ours noir</u> **qui** *ne semblait pas dans son assiette.*

e) Il a <u>apprécié</u> la visite du journaliste **puisque** *son rêve était de faire les manchettes.*

☐ *Gustave a toujours eu une peur bleue des chiens.*

On utilise souvent les couleurs pour décrire des émotions. Trouve au moins cinq autres exemples d'expressions figurées où l'on mentionne une couleur. Fais une illustration humoristique d'une de tes expressions.

☐ Trouve un pronom possessif qui peut remplacer chaque groupe du nom ci-dessous :

son époux, ses dents, ma femme, mon sang-froid, tes poubelles, nos soirées, leur voiture, sa voisine, leurs journaux, vos quilles

☐ Remplace les mots soulignés, dans les phrases ci-dessous, par des pronoms personnels.

a) <u>Un jeune couple</u> a été la cible d'une visite inattendue.

b) <u>M. et Mme Laframboise</u> sortaient à peine de leur voiture.

c) <u>La bête</u> est retournée calmement dans la forêt.

d) Même si <u>les attaques contre les humains</u> sont rares, le comportement des ours reste imprévisible.

e) <u>Mon épouse et moi</u> avons eu très peur.

☐ Transforme les conseils des employés du ministère des Ressources naturelles en phrases impératives.

a) On ne doit jamais s'approcher des ours.

b) Il ne faut pas nourrir les ours, même s'ils semblent affamés.

c) Il faut contacter notre bureau dès que vous voyez un animal sauvage près des habitations.

☐ Choisis des interjections parmi la liste ci-dessous et ajoute-les aux paroles de Gustave et de Marguerite.

Zut! Ah! Ouf! Attention! Bravo! Allons! Courage!

a) _____ Mes pieds étaient immobiles et j'étais figé à ma place.

b) _____ L'ours ne semble pas vouloir me suivre.

c) _____ Gustave, entrons dans la maison!

☐ Indique si les mots soulignés sont employés au sens figuré (abstraitement) ou au sens propre (concrètement).

a) J'étais <u>comme cloué au sol</u> et tout ce que je voyais était ses dents énormes et pointues.

b) M. Laframboise a <u>cloué</u> le tapis au sol afin de l'empêcher de glisser.

c) Mme Laframboise a atteint <u>la cible</u> avec sa flèche.

d) Un jeune couple a été <u>la cible</u> d'une visite inattendue.

☐ Gustave explique la façon dont il agira s'il reçoit une autre visite inattendue. Rédige les paroles qu'il prononcerait en utilisant des verbes au futur proche de l'indicatif. Souligne les verbes conjugués au futur proche dans tes phrases.

Exemple : Je <u>vais</u> m'<u>assurer</u> que nous sommes hors de danger avant de m'aventurer à l'extérieur.

ÉCRITURE (tâches ouvertes)

☐ Renseigne-toi au sujet d'un événement qui a eu lieu dans ta communauté ou à l'école. Écris l'amorce d'un article de journal où tu résumes les informations essentielles et importantes en y présentant les réponses aux questions suivantes :

Qui? Quoi? Où? Quand? Comment? Pourquoi?

Choisis un titre accrocheur qui attirera l'attention des lecteurs et des lectrices.

☐ Imagine que tu es une des personnes mentionnées dans cet article. Écris ce que tu as noté dans ton journal de bord le 24 mai.

☐ Écris une lettre de remerciements, de la part de Monsieur ou de Madame Laframboise, à l'intention du journaliste ou de l'éditeur du journal, pour avoir publié cet article.

☐ Présente les événements de la visite inattendue dans une bande dessinée.

☐ Effectue une recherche pour connaître les différents types d'ours qui habitent ta province. Présente tes résultats sur une affiche qui comprend une carte géographique.

COMMUNICATION ORALE (tâches ouvertes)

☐ Présente l'aventure de Gustave dans un bulletin de nouvelles.

☐ Gustave a peur des chiens. Participe à une discussion portant sur les peurs et les phobies. Note les peurs qui sont courantes parmi les élèves. Interviewe un ou une élève au sujet de ses peurs et de ses phobies.

☐ Imagine que tu fais partie de l'équipe de rédaction d'un journal de classe ou d'école. Participe avec d'autres élèves à la simulation d'une réunion de l'équipe au cours de laquelle vous faites la liste des événements qui se passent présentement dans votre entourage. Choisissez ce qui devrait paraître dans le prochain numéro. Pendant cette simulation, il faudra aussi distribuer les tâches parmi les membres de l'équipe.

☐ Raconte un événement où tu présentes clairement les réponses aux cinq questions essentielles : ce qui s'est passé (*quoi*), qui y a pris part (*qui*), *où* et *quand* ça s'est passé et la raison pour laquelle c'est arrivé (*pourquoi*). Tu peux aussi, si tu le désires répondre à la question : *comment*?.

Les tournées scolaires à Sainte-Marie-au-pays-des-Hurons : Une interprète parle

Pages 142 à 144

RAISONNEMENT — Questions à répondre à l'aide des idées du texte.

☐ Dans le texte, trouve les informations suivantes :

a) Quel est le site touristique présenté dans l'article?

b) Où est-il situé?

c) Quel est son but?

d) Quelle proportion des visiteurs et des visiteuses de ce site touristique sont des jeunes francophones?

e) Comment réagissent les jeunes des grandes villes lorsqu'ils visitent ce site?

☐ Dans le texte, trouve les informations suivantes :

a) Que veut dire «Ouendats»?

b) Pourquoi les Français abandonnent-ils la mission Sainte-Marie en 1649?

☐ Explique le sens de ces mots, relevés à la page 142. Explique la méthode que tu as utilisée pour trouver le sens de chaque expression.
une mission, des interprètes, l'évangélisation, Ouendats, la dispersion

☐ Trouve des indices, dans le texte et dans les illustrations, ou note des mots de la même famille que tu connais déjà, qui t'aideront à mieux comprendre les mots ci-dessous, relevés à la page 143. Expliques-en le sens.

	Indices ou mots de la même famille	Explication
la *projection*		
un *diaporama*		
la *palissade*		
le *forgeron*		
l'*argile*		
broyer		

☐ Pourquoi Danielle Maheu pense-t-elle que le programme «Séjour à Sainte-Marie» est particulièrement intéressant?

COMMUNICATION — Questions à répondre à l'aide des idées du texte et des connaissances et expériences personnelles.

☐ À ton avis, que fera Danielle quand elle aura terminé ses études à l'université?
Justifie ta réponse à l'aide des passages du texte.

☐ En parlant du séjour à Sainte-Marie, Danielle dit : «Ils ont la chance de vivre ici vraiment.» Que veut-elle dire?

☐ Fais le bilan de tes connaissances au sujet de l'histoire des Français et des autochtones, au début de la colonisation.

Ce que je savais déjà	Ce que j'ai appris	Ce que j'aimerais savoir

☐ Selon toi, pourquoi les francophones du Québec et de l'Europe sont-ils toujours très étonnés de découvrir des francophones habitant la région de la baie Georgienne, en Ontario?

ORGANISATION DES IDÉES — Questions pour montrer la compréhension de l'organisation du texte.

☐ Pourquoi y a-t-il des guillemets « » dans ce texte?

☐ Quels renseignements trouve-t-on dans le titre? Propose un autre titre à cet article.

☐ Examine les photos qui accompagnent cet article. À chacune d'elles, écris une phrase explicative qui pourrait apparaître en-dessous.

RESPECT DES CONVENTIONS LINGUISTIQUES — Questions pour montrer la compréhension des conventions linguistiques apprises.

☐ Les adjectifs ci-après prennent la finale **-sse** au féminin : bas, gras, las, épais, gros, métis, faux et roux. Compose trois phrases où tu utiliseras plusieurs de ces mots, au féminin.

☐ Transcris tous les nombres trouvés dans le texte et présente-les écrits en chiffres et en lettres. Révise les règles régissant l'écriture des nombres en lettres.

☐ Justifie l'utilisation des majuscules et des minuscules dans les phrases suivantes :
a) Visiter la mission de Sainte-Marie-au-pays-des-Hurons…
b) Les francophones du Québec et de l'Europe sont toujours très étonnés de découvrir qu'il y a des Franco-Ontariens ici.
c) …leurs efforts d'évangélisation des autochtones hurons.
d) Sainte-Marie se trouve au bord de la baie Georgienne…

Comment expliquerais-tu à quelqu'un les règles régissant l'utilisation des lettres majuscules et minuscules?

☐ Les participes passés employés sans auxiliaire ressemblent à des adjectifs qualificatifs : ils s'accordent en genre et en nombre avec les noms ou les pronoms auxquels ils se rapportent. Dans le texte, trouve au moins trois exemples de participes passés employés sans auxiliaire. Note, pour chacun, le verbe à l'infinitif et le mot avec lequel il s'accorde en genre et en nombre.
Exemple : *les maladies importées par les Français...* (verbe importer, s'accorde avec maladies).

☐ Transforme le dernier paragraphe du texte en utilisant des inversions, des synonymes, des adjectifs et des adverbes. Attention de ne pas changer le sens de ce paragraphe!

☐ Les noms qui se terminent en **-au** et **-eu** prennent, généralement, un **x** au pluriel. Prépare une grille de mots cachés où tu cacheras au moins quinze de ces mots qui prennent un **x** au pluriel. Trouve quelques mots qui échappent à la règle et insère-les, eux aussi, dans la grille.

☐ Lorsque les mots **le**, **la**, **je**, **me**, **te**, **se**, **de**, **ne** et **que** sont devant un mot qui commence par une voyelle ou un **h** muet, on fait une élision; c'est-à-dire qu'on remplace la dernière voyelle par une apostrophe.
On écrit «l'heure» et non «la heure» ou «j'ai» et non «je ai».
Trouve des exemples d'élision, dans ce texte et ailleurs, avec chacun des mots énumérés ci-dessus.
Par exemple, **le** : l'ouest, l'avion.

☐ À chacun des mots ci-dessous, tirés du texte, note un synonyme et un antonyme.
inoubliable, remonte, allumer, travailler, jeunes, intéressés

☐ Trouve l'infinitif du verbe *Oyez*.

☐ Pour donner des ordres, on utilise des verbes au présent de l'impératif. Dans la construction de phrases impératives, il faut utiliser correctement le trait d'union (p. ex., regarde-le, fais-la rire, allons-nous-en, laissez-le tranquille). Compose une dizaine de phrases impératives renfermant un pronom lié au verbe par un trait d'union, que pourraient prononcer les interprètes d'un site historique.

ÉCRITURE (tâches ouvertes)

☐ Outre la mission de Sainte-Marie-au-pays-des-Hurons, la région touristique de la baie Georgienne possède plusieurs attraits touristiques. Prépare un dépliant publicitaire qui présente cette région touristique.

☐ Avec l'aide d'un ou d'une partenaire, renseigne-toi au sujet d'un site historique de ta région. Déterminez son importance dans l'histoire de votre communauté. Préparez une affiche qui fera connaître ce site aux autres élèves.

☐ Choisis une publication, soit un journal ou un magazine. Écris un court paragraphe qui décrit cette publication. Dans ce paragraphe, réponds aux questions suivantes :

Quel est le nom de la publication?

Qui est le public cible de cette publication? Pourquoi?

Quel est le coût de cette publication? Comment peut-on se la procurer?

Trouve des mots qui décrivent cette publication (quotidien, régional, national, hebdomadaire, mensuel, imprimé, électronique, etc.).

☐ Présente, à l'aide d'un texte et d'illustrations, trois activités que peuvent réaliser les enfants pendant leur visite de la mission.

☐ Prépare un dépliant publicitaire qui incite les groupes-classes de ton école à planifier une visite à Sainte-Marie.

☐ Imagine que tu es l'interprète responsable de la visite d'un groupe-classe de 6ᵉ année. Planifie l'horaire d'une journée sur le site. Tu peux consulter le site Internet du site de Sainte-Marie-au-pays-des-Hurons pour obtenir plus d'information.

COMMUNICATION ORALE (tâches ouvertes)

☐ Avant l'apparition des journaux, de la radio et de la télévision, il y avait, au début de la colonisation, un ou une responsable qui annonçait les nouvelles et les événements importants de la région. C'était le «crieur public». En Ontario, nous avons encore un crieur public dont la tâche est d'annoncer certains événements publics à l'occasion de cérémonies spéciales. Pour capter l'attention de son auditoire, il commence toujours son discours par «Oyez, oyez!». Joue le rôle du crieur public et annonce un événement important qui se déroule à la mission de Sainte-Marie-au-pays-des-Hurons.

☐ Imagine que tu étais parmi le groupe de gens venus d'Europe pour s'installer à Sainte-Marie, en 1648. Dans un court monologue, raconte ce que tu as vécu lors des années où tu y étais.

☐ En équipe, discute et compare la vie au 17ᵉ siècle à la vie d'aujourd'hui.

☐ Renseigne-toi au sujet d'un métier courant à l'époque de la colonisation. Présente-le à la façon d'un ou d'une guide-interprète à Ste-Marie-au-pays-des-Hurons.

☐ Visionne l'émission : *Pourquoi Brûlé?* de la trousse de TFO, 6ᵉ année, Série «Histoire Max», BPN 664503 et participe à une discussion avec ton groupe-classe au sujet de cette émission.

☐ Visionne l'émission : *Sainte-Marie-au-pays-des-Hurons* de la trousse de TFO, 3ᵉ année, Série «Nouvelles, nouvelles», BPN 519312 et participe à une discussion avec ton groupe-classe au sujet de cette émission.

Fiche de planification du dossier d'écriture

Avant d'écrire un article de journal ou de magazine, j'organise mon information.

Je trouve un titre accrocheur et informatif.

	Dans le premier paragraphe de l'article, l'**amorce**, je résume les informations essentielles et importantes.
Qui?	
Quoi?	
Où?	
Quand?	
Comment?	
Pourquoi?	

Dans les autres paragraphes qui forment le corps de l'article, je donne des détails intéressants, des précisions supplémentaires pour bien faire comprendre la situation.

J'explique **un aspect** de l'événement ou de la situation **par paragraphe**.

Je peux y présenter;
– les causes;
– les conséquences;
– les solutions possibles;
– les victimes ou les responsables;
– des témoignages;
– des statistiques.

En rédigeant, j'utilise des expressions ou des mots de relation tels que *par la suite, à ce sujet, car, pendant ce temps, au cours de, à cause de, grâce à*, etc.

✓ J'écris à la troisième personne du singulier.
✓ Je vérifie l'orthographe des noms propres.
✓ J'utilise des adjectifs qualificatifs et des adjectifs numéraux.
✓ Je trouve une photo ou je fais une illustration accompagnant mon article.

	Dans la conclusion, je présente un fait marquant ou une citation surprenante qui reprend l'idée principale de l'article.
Même s'il peut être difficile d'y résister, il faut que j'évite de donner mon point de vue. C'est au lecteur ou à la lectrice de tirer ses propres conclusions et de se faire une opinion.	

✓ Lorsque j'écris l'article à l'ordinateur, j'utilise la fonction *Colonnes* de mon traitement de texte. Je dispose mon texte en deux ou trois colonnes. Je sélectionne la fonction **justifier** pour **aligner** mon texte, comme dans un journal.

Exemple :

Xxx xxxxx x xxxxx x xxxxx
xx xxxxxx. X xxxxxxxx
xxxxxx x x x x x xxxxxxxxxx.
Xxx xxxxxxxx xxx xxxxxxx
xxxxx x xxxxxxxxx. Xxxxx x

xx xx xxxxx xxxxxx x
xxxxxxxxx x xx xxxxxxxx.
Xxxxxx x xx xxxxxxx xxx x
xxxxxxxxx xxxx xxxxxx
xxxxxxxx xxxxxxxxx x

xxxxxxxxx x x xxxx xx
xxxxxxxx. X xxxxxx xxxxx.
Xxxxxxx xxx xxx xxx xx
xxxxxx xxxxxxxxx xxxxxxx
x x xx xxxxx xxxxxxx xx.

En journalisme, il est entendu que tout ce que les journalistes écrivent sous le **-30-** n'est pas à publier et concerne uniquement les rédacteurs de la publication. Je termine donc mon article avec **-30-** . Ensuite, je peux noter des pistes qui guideront les photographes, les graphistes ou l'éditeur ou l'éditrice du journal.

Fiche technique – L'actualité dans Internet

Le site **Rédaction de Rescol (RDR)** est un cours de journalisme électronique en ligne, destiné aux jeunes reporters francophones, un magazine mensuel où ces journalistes publient leurs articles, une ressource unique à l'intention des enseignantes et des enseignants et plus encore. Le programme est accessible à tous les élèves francophones ou francophiles du primaire et du secondaire.
http://www.snn-rdr.ca/rdr/

Pour trouver des articles qui traitent de l'actualité dans Internet, vous pouvez consulter :

Les clés de l'actualité, un quotidien destiné aux 8 à 12 ans, http://www.lesclesjunior.com/

LeDroit (et des liens vers d'autres journaux; on peut y trouver la une ainsi que quelques articles)
http://www.cyberpresse.ca/droit/

D'autres sites à ajouter à votre dossier *Actualités*, parmi vos sites favoris.
http://radio-canada.ca/nouvelles/
http://www.webdopresse.ch/index.asp
http://www.canoe.qc.ca/
http://www.courrierinternational.com/actual/accueil.asp
http://cf.news.yahoo.com/cafc.html
http://mesnouvelles.branchez-vous.com/
http://www.lemonde.fr/
http://permanent.nouvelobs.com/
http://www.sciencesetavenir.com/index2.html

L'inconnu dans la forêt
Pages 145 à 147

RAISONNEMENT — Questions à répondre à l'aide des idées du texte.

☐ *Cet oiseau de malheur a bien ri de moi.*
Pourquoi Samuel de Champlain pense-t-il cela?

☐ Que signifient les mots ci-dessous? Repère-les dans la bande dessinée et explique ensuite leur sens à l'aide des indices du texte, d'un petit mot compris dans le grand mot ou à l'aide d'une autre stratégie de lecture.
pourchassant, obscur, déplaisir, contraint, arpenter, gibier, persévérance, toises, représailles, indemne

☐ Dans le texte, trouve les informations suivantes :
a) Où et quand se déroule cette aventure?
b) Pourquoi Samuel de Champlain s'est-il éloigné du groupe?
c) Combien de temps Champlain a-t-il passé dans la forêt, avant de retrouver le campement?
d) Quelle est la réaction des Hurons au retour de Champlain?

Illustre les dangers qui guettent Champlain dans la forêt.

COMMUNICATION — Questions à répondre à l'aide des idées du texte et des connaissances et expériences personnelles.

☐ Explique le titre de cette bande dessinée : *L'inconnu dans la forêt.*

☐ Pourquoi Champlain a-t-il peur des Iroquois et non des Hurons?

☐ En équipe, raconte et écoute des événements où quelqu'un a fait preuve de beaucoup de persévérance pour atteindre un but. Il peut s'agir d'expériences personnelles ou d'exemples tirés de l'actualité.

☐ *J'ai tourné en rond jusqu'à ce que la nuit tombe...*
À ton avis, comment est-ce possible de tourner en rond dans ce genre de situation? Explique ce qui a pu se passer.

☐ Pourquoi les Hurons auraient-ils eu peur des représailles des Français si Champlain n'était pas revenu?

ORGANISATION DES IDÉES — Questions pour montrer la compréhension de l'organisation du texte.

☐ Cette bande dessinée a d'abord été peinte en grand format, en teintes de gris, puis numérisée et réduite de façon à être reproduite sur du papier de taille ordinaire. Examine les détails des illustrations et note ton opinion quant aux techniques artistiques utilisées dans cette œuvre.

☐ Dans le coin inférieur de la quatrième vignette, se trouve un astérisque. À quoi sert-il?

☐ Il arrive que, dans une vignette de bande dessinée, il y ait du texte dans un encadré. À quoi servent ces encadrés?

☐ L'**appendice** est ce qui relie la bulle au personnage; il a la forme d'une pointe, d'un éclair ou d'une succession de bulles. Examine les différentes formes d'appendices dans cette bande dessinée et reproduis les divers types de bulles qui s'y rattachent. Note, à l'intérieur de chacune d'elles, les raisons pour lesquelles elles sont utilisées.

☐ Où trouve-t-on : les numéros des pages? le nom de l'artiste?

☐ Pourquoi certaines lettres sont-elles en caractères gras?

RESPECT DES CONVENTIONS LINGUISTIQUES — Questions pour montrer la compréhension des conventions linguistiques apprises.

☐ Relève cinq verbes du premier groupe dans cette bande dessinée. Note la conjugaison au présent de l'impératif, le participe présent et le participe passé de chacun d'eux.

☐ *Où sont-ils passés?*
Examine la structure de cette phrase interrogative : mot d'interrogation + verbe et pronom avec trait d'union. Compose d'autres phrases interrogatives en tenant compte de ce modèle, avec les mots d'interrogation suivants : *quand*, *comment* et *pourquoi*.

☐ L'adverbe est un mot invariable qui apporte une information supplémentaire au mot ou au groupe de mots auquel il se rapporte. Les adverbes se rapportent souvent aux verbes. Dans la première vignette, on peut lire *Je me souviendrai toujours de ce jour....* L'adverbe *toujours* se rapporte au verbe *souviendrai* et ajoute de l'intensité à la pensée de l'auteur. Repère les adverbes du texte qui se rapportent à des verbes. Indique le verbe auquel chaque adverbe se rapporte et note un commentaire spécifiant l'effet qu'il produit.

Adverbes du texte	Verbes modifiés	Effet créé par l'adverbe
toujours	souviendrai	l'événement l'a vraiment marqué

☐ Trouve les phrases négatives dans ce texte. Classe-les selon leurs particules négatives : ne _____ pas; ne _____ plus; ne _____ rien; ne _____ jamais, etc. Surligne les élisions *(n')* dans ces particules négatives.

☐ Trouve des mots de la même famille que ceux ci-dessous. Indique, entre parenthèses, la nature de chaque mot.
Exemple : pourchassant : pourchasser (verbe), chasser (verbe), chasseur (nom), chasse (nom).
déplaisir, arpenter, persévérance, engagé, crainte

☐ Relève une phrase du texte où l'auteur utilise :

    a) un point d'exclamation dans une interjection;

    b) un deux-points qui introduit une énumération qui vient expliquer, préciser une idée;

    c) une virgule dans une inversion;

    d) un deux-points qui introduit une énumération qui forme un groupe-sujet;

    e) un point d'interrogation à la fin d'une question.

ÉCRITURE (tâches ouvertes)

☐ Crée une bande dessinée qui met en vedette un personnage de l'histoire de la colonisation de la Nouvelle-France. Inspire-toi de faits réels pour rédiger et illustrer ton aventure.

☐ Crée une bande dessinée illustrant l'aventure de Champlain qui se perd, mais du point de vue des autochtones.

☐ Dessine une affiche qui présente des conseils à suivre pour survivre en forêt.

☐ Écris le récit de l'arrivée des Européens au Canada, du point de vue des autochtones.

☐ Fais une ligne du temps qui retrace la vie de Samuel de Champlain.

COMMUNICATION ORALE (tâches ouvertes)

☐ Enregistre, sur bande audio ou vidéo, des bulletins de nouvelles qui auraient pu être diffusés pendant la disparition de Champlain ainsi qu'à son retour.

☐ Imagine des thèmes de jeux d'improvisation se déroulant à l'époque de la colonisation de la Nouvelle-France. Participe à ces improvisations.

Salut Minou!
Pages 148 et 149

RAISONNEMENT — Questions à répondre à l'aide des idées du texte.

☐ Comment se sent la jeune fille lorsque le chat répond à sa salutation? Explique comment tu as trouvé cette réponse dans la bande dessinée.

☐ Nomme une caractéristique du chat. Justifie ta réponse en citant des éléments du texte et en indiquant les illustrations qui t'ont permis de la trouver.

☐ Dans le texte, trouve le mot qui veut dire *des bêtises*.

☐ *Tu es mon hallucination personnelle!*
Que veut dire cette expression?

☐ Observe les visages des personnages dans la dernière vignette de la première page. Que révèlent-ils?

COMMUNICATION — Questions à répondre à l'aide des idées du texte et des connaissances et expériences personnelles.

☐ Comment aurais-tu réagi si tu étais la fillette à qui le chat a parlé?

☐ La jeune fille affirme que les chats font beaucoup de niaiseries. Relève quelques comportements des chats qui peuvent être qualifiés de niaiseries.

☐ Les animaux communiquent leurs idées de façon non verbale. Par exemple, le chien se place devant la porte pour indiquer qu'il veut sortir. Trouve d'autres exemples de communication non verbale chez les animaux.

☐ Crois-tu que ce chat existe vraiment? Justifie ta réponse en te reportant au texte.

☐ D'après toi, pourrons-nous communiquer avec les animaux un jour?

☐ Tu réussis à communiquer avec un animal. Formule trois questions que tu aimerais lui poser.

☐ Parfois, les enfants inventent des amis imaginaires. Si tu inventais un ami ou une amie imaginaire, décris ce qu'il ou elle serait.

☐ Si mon animal domestique pouvait parler, voici ce qu'il dirait au sujet de :
a) ma famille,
b) sa nourriture,
c) les soins que je lui apporte,
d) ses rêves,
e) ses désirs.

ORGANISATION DES IDÉES — Questions pour montrer la compréhension de l'organisation du texte.

☐ Une **onomatopée** est un mot dont la graphie imite un bruit ou un son. Dans cette bande dessinée, trouve un exemple d'onomatopée.

☐ Examine le fond des vignettes, soit la partie du dessin qui sert de décor, derrière les personnages. Décris ce décor. Où se déroule l'action? Justifie ta réponse.

☐ Remets les idées ci-dessous dans l'ordre où elles se présentent dans le texte.
- Le chat réussit à convaincre la fillette qu'il n'existe pas.
- La fillette salue le chat en marchant.
- Le chat prédit qu'une vache volante apparaîtra à une rue d'où ils se trouvent.
- La fillette croit que le chat est réel.
- Le chat répond à la fillette.

☐ Modifie les deux dernières vignettes de cette bande dessinée de façon à créer une nouvelle fin à cette histoire.

RESPECT DES CONVENTIONS LINGUISTIQUES — Questions pour montrer la compréhension des conventions linguistiques apprises.

☐ La fillette pose des questions au chat.
Utilise les adjectifs interrogatifs ci-dessous pour compléter ces phrases interrogatives.
quel, quels, quelle, quelles

a) _____ types de chats peuvent parler?

b) De _____ planète viens-tu?

c) _____ sont les pires niaiseries faites par les chats parlants?

d) _____ est ton nom?

☐ La préposition *sur* s'écrit sans accent circonflexe.
L'adjectif *sûr*, qui signifie *certain*, s'écrit avec un accent circonflexe.
Dans la troisième vignette, pourquoi le mot *sûr* s'écrit-il avec un accent circonflexe?
Compose une phrase avec la préposition *sur* en t'inspirant de la cinquième vignette.

☐ Complète les phrases ci-dessous à l'aide des adjectifs exclamatifs : quel, quels, quelle, quelles.

a) _____ chat intelligent!

b) _____ fille courageuse et curieuse!

c) _____ aventures bizarres et incroyables!

d) _____ chats rusés et doués!

☐ Observe bien le tableau des homophones **ça** et **sa**.

ça (pronom démonstratif)	**çà** (adverbe)	**sa** (adjectif possessif)
Il est la contraction de *cela*.	Se trouve dans l'expression *çà et là* qui veut dire *ici* et *là*, *par-ci*, *par là*.	Il est un déterminant. Il se place devant un nom féminin singulier.
On l'utilise surtout à l'oral.		
On peut remplacer *ça* par *cela*.	Exemple : Les feuilles tombent **çà** et là.	On peut remplacer *sa* par *ma* ou *ta*.
Exemples : • Je ne mange pas de **ça**. • Est-ce que **ça** va?		Exemple : Elle a mis **sa** robe neuve.

Dans la dernière vignette, pourquoi le mot *ça* s'écrit-il ainsi?
Rédige une phrase avec chacun des homophones ci-dessus.

☐ Souligne les particules négatives dans les phrases suivantes :

a) Les chats ne disent jamais de niaiseries.

b) Je ne voudrais jamais voir ça.

c) Heureusement que ça n'existe pas!

d) Rien ne me surprend aujourd'hui.

e) Personne ne peut croire en un chat qui parle.

Compose de nouvelles phrases avec *ne* et *personne*, *ne* et *jamais* ainsi qu'avec *ne* et *rien*.

☐ *La nuit tous les chats sont gris.*

Consulte un dictionnaire pour trouver des expressions et des proverbes qui contiennent le mot *chat*. Participe à la mise en commun des trouvailles de tous les élèves et termine ta liste.

ÉCRITURE (tâches ouvertes)

☐ Sur un exemplaire de cette bande dessinée, duquel le dialogue a été effacé, rédige un nouveau texte en t'inspirant des illustrations.

☐ Écris des charades inspirées du thème des animaux et présente-les aux élèves de quatrième année.

Exemple :

Mon premier est une pièce de monnaie. (sou)

Mon deuxième est une céréale que l'on retrouve dans plusieurs recettes. (riz)

Mon troisième est un récipient muni d'une anse. (seau)

Mon tout est le petit d'un animal rongeur. (souriceau)

COMMUNICATION ORALE (tâches ouvertes)

☐ Visionne l'émission *En perspective* de la trousse de TFO, 6ᵉ année, Série à main levée, BPN 343706.

☐ Trouve un album de bandes dessinées qui te plaît. Présente-le au groupe-classe. Dis à qui tu recommandes la lecture de cet album.

☐ En équipe, faites un remue-méninges dans le but de trouver des animaux qui prennent la parole dans des contes, des films ou des émissions de télévision.

☐ Discute avec un ou une partenaire d'un scénario de bande dessinée et de tous les éléments nécessaires à sa réalisation. Note, vignette par vignette, toutes les indications nécessaires, permettant à quelqu'un de réaliser l'œuvre que vous imaginez.

Y'a un monstre sous mon lit!
Pages 150 et 151

RAISONNEMENT — Questions à répondre à l'aide des idées du texte.

☐ Fais la liste des personnages de cette bande dessinée. Classe-les selon s'ils sont réels ou fictifs.

☐ Attribue des traits de caractère au père dans cette bande dessinée. Justifie chaque trait de caractère en citant un détail du texte ou des illustrations.

☐ Qui est Macaron? Quel est son rôle dans l'histoire? Décris son comportement.

☐ Choisis un personnage qui fait peur à l'enfant, illustre-le et décris-le.

☐ Explique ce que fait le père pour apaiser les peurs de son enfant.

☐ Dans la bande dessinée, trouve les réponses aux questions suivantes :
a) Quand se déroule l'action de cette bande dessinée?
b) Pourquoi l'enfant a-t-il peur?
c) Quelle est la solution au problème de l'enfant?

COMMUNICATION — Questions à répondre à l'aide des idées du texte et des connaissances et expériences personnelles.

☐ Explique ce que tu ferais si tu étais le parent d'un ou d'une enfant qui se réveille ainsi la nuit.

☐ Trouve des exemples d'humour dans cette bande dessinée.

☐ La nuit et la noirceur peuvent faire peur. Pourquoi et comment est-ce possible?

☐ Dans cette histoire, qu'est-ce qui semble avoir provoqué les peurs de l'enfant? Explique ta réponse.

ORGANISATION DES IDÉES — Questions pour montrer la compréhension de l'organisation du texte.

☐ Habituellement, les bruits faits par des objets dans les bandes dessinées se placent directement sur l'image, sans bulles. Quels objets font du bruit dans cette bande dessinée? Comment appelle-t-on ces mots qui imitent le bruit d'un objet?

☐ Pourquoi l'auteur utilise-t-il un texte imprimé en lettres majuscules et en caractères gras dans la première vignette de la bande dessinée? Explique ta réponse.

☐ La **case** ou la **vignette**, correspond au cadre de l'image. Généralement, elle est de forme rectangulaire ou carrée. Toutefois, la case peut aussi être de forme irrégulière. Trouve un exemple de case irrégulière dans cette bande dessinée et explique la raison pour laquelle elle est ainsi.

☐ La **bulle**, le **ballon** ou le **phylactère** est l'espace où l'on trouve le texte parlé ou pensé. Cet espace est de forme variable et le format des caractères qu'on y trouve est une indication du volume de la voix.

Dans quelle vignette y a-t-il une bulle où quelqu'un crie? Décris la bulle.
Dans quelle vignette y a-t-il une bulle où quelqu'un marmonne? Décris la bulle.

☐ Une **onomatopée** est un mot dont la graphie imite un bruit ou un son. Dans cette bande dessinée, trouve des exemples d'onomatopées.

RESPECT DES CONVENTIONS LINGUISTIQUES — Questions pour montrer la compréhension des conventions linguistiques apprises.

☐ Les adjectifs qui se terminent par -**en**, -**on**, -**an**, -**ot** et -**et** au masculin doublent habituellement la consonne finale et prennent un **e** au féminin. Écris les mots ci-dessous au féminin. Surligne les mots qui font exception à la règle.
ancien, discret, breton, cadet, idiot, musulman, inquiet, canadien, muet, manchot, net, secret, polisson, grognon, concret, paysan, vieillot, chrétien, bon, espion

☐ La conjugaison des verbes en -**yer** est particulière.

	Présent de l'indicatif	Futur simple de l'indicatif
-ayer	je -aie ou -aye	-aierai ou -ayerai
-oyer	je -oie	-oierai
-uyer	je -uie	-uierai

Rédige des phrases qui contiennent les verbes ci-dessous. Consulte un tableau de conjugaison, au besoin.
a) Balayer, deuxième personne du pluriel, présent de l'indicatif.
b) Payer, troisième personne du singulier, imparfait de l'indicatif.
c) Tournoyer, première personne du pluriel, passé composé de l'indicatif.
d) Effrayer, troisième personne du pluriel, futur simple de l'indicatif.
e) S'ennuyer, première personne du singulier, futur proche de l'indicatif.
f) Essayer, deuxième personne du singulier, imparfait de l'indicatif.
g) Aboyer, participe présent.

☐ Ajoute l'adjectif interrogatif *quel* aux phrases ci-dessous. Fais les accords qui s'imposent.
a) _____ heure est-il?
b) Pour _____ raison pleures-tu?
c) À _____ moment reviendras-tu?
d) Dans _____ tiroir se trouve l'araignée?
e) _____ bruits as-tu entendus?
f) _____ créatures t'effraient le plus?
g) _____ film as-tu écouté avant de te coucher?
h) Par _____ route iras-tu à l'école?
i) Ta mère m'a demandé avec _____ amies tu jouais?
j) Avec _____ personnes discuterez-vous de vos rêves?

☐ Le squelette, l'araignée géante, le loup-garou sous le lit, tout me faisait peur.
Dans cette phrase, les éléments de l'énumération forment le groupe sujet qui est repris par le pronom indéfini **tout**. Imite la structure de cette phrase pour en créer trois autres.
Exemple : Les chandails, les pantalons, les bas sur le plancher, tout était mal rangé.

☐ Compose une phrase avec chacun des verbes suivants : aller, lire, pouvoir, savoir, tenir, vouloir et connaître. Écris ces verbes à une personne du singulier et au futur simple de l'indicatif.

☐ Conjugue les verbes ci-dessous et surligne le radical en bleu et la terminaison en rouge.
  a) Déranger, au présent et au passé composé de l'indicatif.
  b) Essayer, à l'imparfait de l'indicatif et au présent de l'impératif.
  c) Appeler, au futur proche et au futur simple de l'indicatif.

☐ **Ce** est adjectif démonstratif lorsqu'il est suivi d'un nom écrit au masculin singulier.
Ce peut aussi être pronom démonstratif si on peut le remplacer par *cela* ou s'il est placé devant *qui* ou *que*.
Se est un pronom personnel, de la troisième personne, qu'on peut remplacer par *lui-même*, *elle-même*, *eux-mêmes* ou *elles-mêmes*.
Ajoute **ce** ou **se** aux phrases suivantes.
  a) Ils _____ consultent avant d'ouvrir les tiroirs.
  b) _____ n'est pas _____ que j'ai entendu.
  c) Est- _____ que tu veux garder _____ monstre dans ton placard?
  d) Mon père _____ promène de ma chambre à la sienne.
  e) _____ garçon _____ réveille en sursaut.
  f) La petite fille _____ confie à son toutou _____ matin.
  g) Tout _____ qu'il veut, c'est _____ débarrasser de _____ groupe de monstres.
  h) Ils _____ sauveront dès que mon père _____ présentera devant eux.
  i) Pourquoi les monstres _____ cachent-ils dans ma chambre?
  j) Le chanceux, il _____ lève très tard; c'est _____ que j'aimerais faire moi aussi.

ÉCRITURE (tâches ouvertes)

☐ Prépare une bande dessinée portant sur le thème d'une peur exagérée.

☐ Écrit le récit d'un cauchemar et de ses conséquences.

COMMUNICATION ORALE (tâches ouvertes)

☐ Avec un ou une partenaire, monte une saynète illustrant les aventures d'un ou d'une enfant qui n'arrive pas à dormir.

☐ Raconte ton rêve le plus épeurant ou le plus comique.

☐ On entend souvent dire : «Les grosses bêtes ne mangent pas les p'tites.» Imagine une histoire où tu utilises cet énoncé. Raconte ton histoire à ton groupe-classe.

☐ Effectue une courte recherche portant sur le phénomène des rêves. Présente un compte rendu de tes découvertes.

☐ Choisis une bande dessinée dans le journal. Découpe les vignettes de cette bande dessinée et mélange-les. Place ces vignettes dans une enveloppe. Échange ton enveloppe avec celle d'un ou d'une partenaire. Essaie de remettre les vignettes en ordre pour recréer la bande dessinée. Présente ta solution à ta ou à ton partenaire et discutes-en.

Fiche de planification du dossier d'écriture

Préparation à la rédaction d'une bande dessinée

Mots, expressions pour le titre

Temps	Lieu(x)	Personnages		

Situation initiale	Événement perturbateur

Obstacles/Péripéties			

Dénouement

Fiche de planification du dossier d'écriture

Préparation à la rédaction d'une bande dessinée

Je varie les plans et les angles de vue. ❑ Plan d'ensemble	J'indique le lieu géographique où se déroule l'action. J'accorde de l'importance au cadre, au décor.
❑ Plan moyen	Je dessine les personnages en entier. Je montre l'action.
❑ Plan américain	Je dessine les personnages à mi-cuisse. J'accorde plus d'importance aux gestes.
❑ Plan rapproché	Je dessine les personnages jusqu'à la ceinture. J'accorde de l'importance à l'expression, aux gestes et aux paroles.
❑ Gros plan	Je cadre le visage et je fais ressortir les émotions. J'attire l'attention sur un détail.
❑ Angles de vue	Je dessine la scène vue de face, vue d'en haut, vue d'en bas, etc.
Je choisis des bulles (ou phylactères) appropriées selon le discours des personnages. Faites attention à la position des phylactères! Ils se lisent de gauche à droite et de haut en bas.	Ça, c'est une BULLE où tu peux voir ce que je dis. Tu peux savoir si je parle FORT Je ne parle plus... je pense. Ce sont ces petits BALLONS sous la bulle qui te l'indiquent.
Je note des mots qui imitent des bruits ou des sons. Ce sont des onomatopées.	CLIK! CRAK! VROUM! RRRRRRR! TCHAC!
J'utilise des techniques de dessin qui suggèrent le mouvement et les émotions.	Oh non! Oh la la! Je vais encore me fatiguer.

Buffalo Nique
Pages 152 et 153

RAISONNEMENT — Questions à répondre à l'aide des idées du texte.

☐ Buffalo Nique prétend être dépourvue de richesses. Trouve, dans le texte, des preuves à l'appui de cette affirmation.

☐ Buffalo Nique aime-t-elle son métier? Justifie ta réponse.

☐ Le soir venu, Buffalo Nique *se repose de ses misères.* Donne des exemples des difficultés qu'elle doit surmonter pendant sa journée.

☐ Trouve, à l'aide du texte de la chanson, les mots qui correspondent aux définitions ci-dessous. Ces mots sont classés dans l'ordre alphabétique. Trouve ensuite ces mots dans la grille et encercle-les. Lorsque tous les mots sont encerclés, les vingt-deux lettres qui restent dans la grille forment la réponse à ce défi.

Mot tiré d'une expression qui veut dire *cela me convient.*	
Récital, séance musicale.	
Ce qu'on mange à la fin du repas.	
Lumière intense et brève.	
Ils servent à protéger le dessous des sabots des chevaux.	
Orgueilleuse, vaniteuse.	
Limite d'un territoire, d'une propriété.	
Femme qui a donné naissance à un ou à plusieurs enfants.	
Chose pénible, douloureuse.	
Qui n'est pas fermé.	
Elle protège l'œil.	
Particule fine et légère.	
Riche, fortuné, bien nanti.	
Cours d'eau.	
Somme versée pour accomplir un travail ou des services rendus.	
Personne qui veille à l'exécution du travail quotidien dans un bureau.	
Qui aime vivre seul.	
La partie solide de la surface du globe.	
Lieu où vivent les humains.	
Serpent venimeux.	

```
            E O
          V R R S N E
        M E R I A M O P R P
        P R E A E P L I L R E L
          E T L E E B E U S I O I
        M F C R O U V E R T E T S F
          F E E A F F A I R E A R A P
      S A L A I R E E C O N C E R T E I E L O
      S R E V I N U R F R O N T I E R E R R N
      I Q I T R E S S E D P O U S S I E R E E
      E R I A T E R C E S U E E R E I P U A P
```

☐ Écris les vers où Buffalo Nique décrit :

a) son lieu de travail;

b) ses responsabilités;

c) son apparence.

☐ Écoute attentivement la bande sonore et essaie d'écrire les mots qui manquent sur une copie de la chanson où plusieurs mots ont été omis.

COMMUNICATION — Questions à répondre à l'aide des idées du texte et des connaissances et expériences personnelles.

☐ Explique l'origine du sobriquet *Buffalo Nique*. Connais-tu quelqu'un d'autre qui a un sobriquet? Quel est-il? Quelle est son origine?

☐ L'alimentation de Buffalo Nique se limite aux bines et au café. Suggère d'autres aliments qu'elle pourrait manger qui nécessitent très peu de préparatifs et qui se conservent bien.

☐ C'est la fête de Buffalo Nique. Quel cadeau pratique peux-tu lui offrir? Explique la façon dont elle pourra se servir de ton cadeau.

ORGANISATION DES IDÉES — Questions pour montrer la compréhension de l'organisation du texte.

☐ Trouve, dans la chanson, le nombre de couplets, le nombre de vers dans chaque couplet et le nombre de couplets entre chaque refrain.

☐ Examine les rimes. Quel son se répète à la fin de chaque vers dans les couplets? Quels sons se répètent à la fin des vers du refrain?

☐ Lorsque tu lis ce texte, quels indices t'indiquent qu'il s'agit d'une chanson?

☐ Quel est le plan de cette chanson? Est-elle découpée selon le modèle refrain-couplet-refrain? Explique ta réponse.

☐ Qui a écrit les paroles de cette chanson? Qui en a composé la musique? Qui l'interprète?

☐ Quel rôle joue l'accompagnement musical dans l'impression générale laissée par la chanson?

☐ Divise les vers des premier et deuxième couplets en syllabes (syllabes prononcées).

Exemple : Je/suis/une/va/chère/so/li/taire (8 syllabes)
          Je/n'ai/pas/de/se/cré/traire (7 syllabes)

Dans les vers des couplets ci-dessous, le **-e** à la fin des mots n'est pas prononcé sauf aux mots frontière (fron/tiè/re) et vipères (vi/pè/res).

Je suis une vachère solitaire.
Je n'ai pas de secrétaire
Et je parcours la plaine sans frontière.
Je ne suis pas du genre prospère.
J'ai un cheval qui a quatre fers
Et une marmite que m'a laissée ma mère.

Je travaille toujours en plein air
Malgré la pluie et les éclairs,
La chaleur, les bibittes et les vipères.
Avec mon chapeau de travers
Et mon lasso en bandoulière,
Je galope en chantant ce petit air.

Quelles sont les différences et les similitudes entre ces deux couplets?

☐ Donne un titre à chaque couplet.

☐ Observe bien le tableau des homophones **ça** et **sa**.

ça (pronom démonstratif)	**çà** (adverbe)	**sa** (adjectif possessif)
Il est la contraction de *cela*.	Se trouve dans l'expression *çà et là* qui veut dire *ici* et *là, par-ci, par là*.	Il est un déterminant. Il se place devant un nom féminin singulier.
On l'utilise surtout à l'oral.		
On peut le remplacer *ça* par *cela*.	Exemple : Les feuilles tombent **çà** et là.	On peut remplacer *sa* par *ma* ou *ta*.
Exemples : • Je ne mange pas de **ça**. • Est-ce que **ça** va?		Exemple : Elle a mis **sa** robe neuve.

Complète les phrases ci-dessous avec un de ces homophones.

a) _____ coûte pas cher et _____ fait mon affaire.

b) _____ selle lui sert d'oreiller.

c) _____ marmite lui vient de _____ mère.

d) Dominique se promène _____ et là dans les plaines de l'Ouest.

e) Quand _____ va mal, elle chante pour se consoler.

f) _____ ne lui fait rien d'être seule.

g) _____ plus grand joie, c'est d'être libre.

h) Il lui faut _____ pour se nourrir.

☐ *Je travaille <u>toujours</u> <u>en plein air</u> <u>malgré la pluie et les éclairs</u>.*
  temps   lieu   opposition

Tout comme dans l'exemple ci-dessus, souligne et note les compléments circonstanciels de lieu, de temps et d'opposition dans les phrases suivantes.

a) Buffalo Nique est restée trois jours dans les plaines de l'Ouest en dépit de la chaleur étouffante.

b) La vachère désire travailler dans les champs toute sa vie malgré son maigre salaire.

☐ Remplis le tableau ci-dessous de termes génériques et spécifiques.

Exemples : les dinosaures ——— le tyrannosaure
les assaisonnements ——— le poivre

Termes génériques	Termes spécifiques
Les insectes	Un moustique
Le bétail	
Les desserts	
	Des fèves
Un mammifère	
Les intempéries	

☐ *J'suis pas une universitaire*
Je ne fais pas de gros salaire.
Je me contente du strict nécessaire.
Des bines, du café, pas d'dessert,
Voilà c'qui forme mon ordinaire.
Ça coûte pas cher et ça fait mon affaire.
Pourquoi l'auteur fait-il des élisions dans ce couplet? Recopie le couplet en remplaçant les élisions par les voyelles manquantes.

☐ Écris les mots ci-dessous au pluriel. Pour chacun des mots, trouves-en un autre qui possède la même finale et qui prend la même marque du pluriel.
un cheval, un chapeau, la chaleur, le feu, un corail

☐ Complète les phrases ci-dessous en écrivant les verbes au présent de l'indicatif.
a) Buffalo Nique (finir) _____ de rassembler le troupeau avant la tombée du jour.
b) Les vaches (mugir) _____ lorsqu'elles voient s'approcher la vachère.
c) Je ne (pouvoir)_____ pas vivre simplement de bines et de café!
d) Tu (vouloir) _____ essayer ce métier exigeant lors de tes vacances d'été?
e) Nous (éteindre) _____ le feu avant de dormir à la belle étoile.
f) Vous (partager)_____ toutes les tâches pour terminer le travail.

ÉCRITURE (tâches ouvertes)

☐ Fais une liste d'une quinzaine de mots se terminant par un même son à l'aide d'un dictionnaire de rimes. Utilise certains de ces mots pour inventer au moins un couplet d'une chanson qui raconte le métier de quelqu'un.

☐ En équipe, participe à l'écriture d'une chanson qui raconte un conte de fée populaire ou un événement de l'actualité, sur un air connu.

☐ Buffalo Nique cherche un compagnon ou une compagne de voyage. Écris la petite annonce qu'elle soumettra au journal local. Décris clairement les caractéristiques que devra posséder le candidat ou la candidate.

☐ Compose un autre couplet qui raconte une nouvelle aventure ou l'avenir probable de Buffalo Nique. Pour t'aider, voici une banque de mots qui se terminent avec le son **-ère** : lumière, antiquaire, calcaire, mousquetaire, gauchère, légendaire, secondaire, nucléaire, mammifère, conifère, offert, souffert, savoir-faire, hémisphère, passagère, étagère, étrangère, légère, guerre, hier, chaudière, montgolfière, première, manière, pierre, sorcière, entière, colère, polaire, molaire, populaire, sincère, tonnerre, Jupiter, désert, frère, découvert, etc.

☐ Dresse un tableau comparatif qui met en parallèle une journée typique d'une vachère et celle d'un ou d'une élève. Place un crochet à côté de l'aspect le plus plaisant de la journée pour chaque personne.

Une journée typique	... d'une vachère	... d'un ou d'une élève
Matin		
Avant-midi		
Midi		
Après-midi		
Soir		

COMMUNICATION ORALE (tâches ouvertes)

☐ Avec un ou une partenaire, simule une entrevue avec Dominique.

☐ Visionne l'émission *Entrevue avec Deux Saisons* du boîtier de TFO, 6ᵉ année, Série «Volt» (segment), BPN 708201 et échange tes observations avec les camarades de ton équipe.

☐ Choisis une chanson d'expression française qui te plaît. Présente au groupe-classe, le texte de cette chanson et l'artiste qui l'interprète. Fais écouter la bande sonore de la chanson.

☐ En équipe, monte un vidéoclip qui fera connaître la chanson de Buffalo Nique.

Ma caboche
Pages 154 et 155

RAISONNEMENT — Questions à répondre à l'aide des idées du texte.

☐ Écoute attentivement la bande sonore et écris correctement les mots qui manquent sur une copie de la chanson où plusieurs mots ont été omis.

☐ Note tous les mots de la chanson qui se rapportent à la tête. Sépare ta liste en mots concrets et en mots abstraits.

☐ Dans la deuxième strophe, il y a plusieurs actions. Énumère toutes ces actions.

☐ Examine le refrain. Explique le message transmis par le refrain de cette chanson.

☐ Dans quel couplet décrit-on deux sortes de rêves? Quelles sont-elles?

COMMUNICATION — Questions à répondre à l'aide des idées du texte et des connaissances et expériences personnelles.

☐ Dans la chanson, l'auteur parle de faire des voyages sans auto, sans avion. Est-ce possible? Explique ta réponse.

☐ Examine l'illustration qui accompagne cette chanson. Quels liens existe-il entre le texte de la chanson et l'illustration? Que demanderais-tu à un ou à une artiste si tu devais commander une deuxième illustration?

☐ Si tu comptes le nombre de syllabes prononcées dans chaque vers, tu t'aperçois qu'il y a une certaine régularité. Explique l'effet de la régularité des syllabes sur le rythme de la chanson.

☐ Dans le refrain, l'auteur compare sa caboche à un palais. Que penses-tu de cette comparaison?

☐ *Dans ma tête parfois la nuit,*
La peur vient et m'envahit.
Dans ces deux vers, il est question de rêves où la peur est présente. Quel nom donne-t-on à ce genre de rêves? Raconte à un ou à une partenaire un rêve de ce genre que tu as déjà fait.
Discutez ensemble des stratégies qui permettent de chasser ces rêves désagréables.

ORGANISATION DES IDÉES — Questions pour montrer la compréhension de l'organisation du texte.

☐ En équipe, participe au montage d'un vidéoclip qui fera connaître cette chanson.

☐ Explique le choix du titre de la chanson.

☐ Qui a écrit les paroles de cette chanson? Qui en a composé la musique? Qui l'interprète?

☐ Représente, au moyen de lettres (a b a b, etc.), les rimes de chaque strophe et celles du refrain. Quelles régularités peux-tu observer?

☐ Écris les deux premiers vers de chaque strophe. Note, le plus clairement possible, les ressemblances dans leur structure.

☐ Décris le rythme de cette chanson. Quel est son effet sur la chanson?

RESPECT DES CONVENTIONS LINGUISTIQUES — Questions pour montrer la compréhension des conventions linguistiques apprises.

☐ Choisis un pronom indéfini (rien, personne plusieurs, tout) qui t'aidera à compléter les phrases.

a) La collecte de fonds n'a pas réussi parce que _____ n'a voulu t'aider.

b) _____ ce que j'ai voulu faire, c'est rêver.

c) _____ n'est impossible.

d) _____ d'entre vous sont ici pour la première fois.

e) Nous possédons _____ des points forts et des points faibles.

f) _____ est bien qui finit bien.

g) La semaine dernière, j'étais débordé de travail et _____ m'ont donné un coup de main.

h) Après l'ouragan, _____ est à refaire.

i) Je suis très optimiste, _____ ne peut m'empêcher de continuer.

j) Mon plus grand souhait, c'est que _____ ne souffre.

☐ L'auteur commence ses quatre strophes par des inversions. Écris ces vers en plaçant les mots dans l'ordre habituel, soit sujet, verbe, complément. Quel signe de ponctuation n'est plus nécessaire dans ces nouvelles phrases?

☐ Pour bien diviser les mots en fin de ligne, il faut suivre les règles suivantes :

1) ne pas diviser un mot qui n'a qu'une seule syllabe;

2) ne pas faire de division après une apostrophe;

3) ne pas faire de division avant ou après les lettres y ou x quand elles sont placées entre deux voyelles;

4) ne pas faire de division dans les nombres en chiffres arabes ou romains.

Divise les mots ci-dessous en plaçant un trait d'union entre les syllabes appropriées.

Exemple : neurones; neu-rones.

incroyable, voyageur, aujourd'hui, imagination, extraordinaires, immédiatement, excitants, roi, rodéo, souverain

☐ Les verbes *rester*, *naître*, *aller* et *tomber* se conjuguent avec l'auxiliaire *être* au passé composé. Conjugue ces quatre verbes au passé composé. Fais attention à l'accord du participé passé au pluriel. Compose une phrase avec chacun de ces verbes, au passé composé et à la personne de ton choix.

□ Observe bien le tableau des homophones ci-dessous :

la (article féminin singulier) Il détermine un groupe nominal féminin singulier. Exemple : *La* neige a fondu complètement	**là** (adverbe) Il a une valeur de lieu ou de temps. Exemple : Placez-vous *là*, dans cette rangée.	**l'a** (élision d'un pronom personnel complément suivi du verbe avoir à la troisième personne du singulier) Il est suivi d'un participe passé. Exemple : Il *l'a* invitée à souper.
la (pronom personnel féminin singulier) Il est suivi d'un verbe conjugué à un temps simple ou à l'infinitif. Exemple : Cette robe, je *la* porte très souvent.	**là** Il sert à former les pronoms démonstratifs composés : celui-là, celle-là, celles-là, ceux-là. Exemple : Je préfère ce livre-ci à celui-*là*.	**l'as** (élision d'un pronom personnel complément suivi du verbe avoir à la deuxième personne du singulier) Il est suivi d'un participe passé. Exemple : Tu *l'as* consolé lorsqu'il était triste.

Complète les phrases ci-dessous avec un de ces homophones.

a) Le roi _____ vit sortir du palais. C'était _____ reine qui allait à _____ rencontre des invités.

b) Celui-_____, tu _____ trouvé sous ton lit.

c) C'est _____ leur demeure.

d) Quand _____ peur m'envahit pendant la nuit, je _____ chasse immédiatement.

e) C'est toi qui _____ imaginé celle-_____ .

□ Examine le deuxième couplet. Transcris tous les vers qui contiennent les mots *le*, *la* ou *les*. À chacun de ces mots, écris s'il est article ou pronom. Note ensuite sa fonction dans la phrase.

Vers	Nature (article ou pronom)	Fonction (détermine, remplace, complément, etc.)
Dans ma caboche, <u>les</u> pensées	article, féminin pluriel	détermine le nom pensées

ÉCRITURE (tâches ouvertes)

☐ Imite la structure des vers ci-dessous pour créer un nouvel animal fantastique. Présente ton texte accompagné d'une illustration.

Dans ma caboche, les lions	Dans ma caboche, les _____
Ont des ailes de dentelle.	Ont des _____.
Et mon imagination	Et mon imagination
Les fait voler dans le ciel.	Les fait _____.

☐ En petit groupe, compose un texte qui peut convenir à une mélodie existante.

☐ Rédige un petit guide humoristique portant sur l'interprétation des rêves.

COMMUNICATION ORALE (tâches ouvertes)

☐ Apprends la chanson et, avec quelques camarades, présente-la au groupe-classe. Ajoutez à la chanson une strophe qui respecte le même thème.

☐ Interprète cette chanson en changeant la mélodie et le rythme.

☐ Participe à un jeu du style «La fureur» avec ton groupe-classe.

Rapville
Pages 156 et 157

RAISONNEMENT — Questions à répondre à l'aide des idées du texte.

☐ Écoute attentivement la bande sonore et écris correctement les mots qui manquent sur une copie de la chanson où plusieurs mots ont été omis.

☐ Trace la carte de Rapville en t'assurant d'y placer les différents endroits où peuvent *raper* les étudiantes et les étudiants.

☐ Qu'ont en commun les quatre élèves dans les illustrations?

☐ Trouve le sens des mots ci-dessous, tirés de la chanson. Consulte un dictionnaire, au besoin. baragouine, babine, sublime, déprime, ondule

COMMUNICATION — Questions à répondre à l'aide des idées du texte et des connaissances et expériences personnelles.

☐ Imagine ce que serait la vie à Rapville. Y serais-tu à l'aise? Pourquoi?

☐ Le rap est un style musical assez récent. Quelles sont les principales caractéristiques de ce style de musique? À ton avis, est-ce que ce type de musique va rester à la mode très longtemps? Pourquoi?

☐ En équipe, discutez des artistes francophones que vous connaissez. Y en a-t-il qui font du rap? Énumérez les artistes francophones qui font du rap et nommez quelques-unes de leurs chansons.

☐ *On ne voit plus passer l'heure.*
Comment cela est-il possible? Explique ta réponse à l'aide d'exemples.

ORGANISATION DES IDÉES — Questions pour montrer la compréhension de l'organisation du texte.

☐ Une chanson, tout comme un poème, peut avoir des rimes. Pour qu'il y ait rime, deux mots placés à la fin de deux vers doivent présenter des **sons identiques**.
Note la structure des rimes de cette chanson, dans les couplets et le refrain, en utilisant une lettre différente représentant chacune des rimes.
1ᵉʳ couplet : a a a a a a b b
refrain :
2ᵉ couplet :
3ᵉ couplet :

☐ Quelles ressemblances y a-t-il entre chaque couplet?

☐ En équipe, monte un vidéoclip qui fera connaître cette chanson.

☐ Qui a écrit les paroles de cette chanson? Qui en a composé la musique? Qui l'interprète?

☐ Examine le rythme des différents vers. Compte les syllabes prononcées et indique le nombre total de syllabes dans chaque vers. Peux-tu trouver un schéma et le décrire?

☐ Dans un tableau comme celui ci-dessous, relève tous les participes présents de la chanson. Écris ensuite le participe passé correspondant et l'auxiliaire à utiliser pour former le passé composé. Enfin, note l'infinitif et le groupe auquel ce verbe appartient.

Participe présent	Participe passé	Infinitif
rapant	rapé (avoir)	raper (1er groupe)
marchant		

☐ La plupart des adjectifs qualificatifs sont placés après les noms auxquels ils se rapportent. Toutefois, certains adjectifs précèdent les noms qu'ils qualifient. Voici quelques exemples d'adjectifs, au masculin, qui précèdent les noms : affreux, bon, dernier, gentil, grand, gros, haut, jeune, joli, long, mauvais, méchant, meilleur, petit, premier, vilain, vrai, beau, bel, nouveau, nouvel, vieux, vieil. Choisis plusieurs adjectifs de cette liste et compose des vers de dix syllabes. N'oublie pas de placer ces adjectifs devant les noms qu'ils désignent. Souligne les noms et encercle les adjectifs.

☐ Transforme les phrases ci-dessous en phrases impératives. Utilise le trait d'union entre le sujet et le verbe lorsque nécessaire.
Exemple : *Tu te déplaces avec grâce. Déplace-toi avec grâce.*

a) Nous nous exprimons en rapant.

b) Nous faisons des courses.

c) Tu t'amuses à vélo.

d) Vous y puisez votre énergie.

e) Tu glisses sur le plancher de la salle de classe.

ÉCRITURE (tâches ouvertes)

☐ En équipe, écrivez une chanson portant sur un thème de votre choix. Participez d'abord à un remue-méninges. Pour faire rimer la chanson, créez une banque de rimes possibles avec les mots clés, avant de commencer la rédaction. Pensez à donner un rythme à votre chanson en comptant les syllabes.

☐ Choisis un couplet et écris-le sous une forme plus littéraire, un peu comme si on le lisait dans un récit. Respecte la ponctuation propre à ce genre littéraire.

☐ Avec l'aide de deux partenaires, construis la maquette d'une scène pour un spectacle musical. Tiens compte du style de l'artiste ou du groupe qui s'exécutera sur cette scène et du genre de musique. Participe au choix du décor, des couleurs et des effets spéciaux. Aide à préparer un devis indiquant le coût de la mise en scène de ce spectacle ainsi que le coût des billets.

☐ Le rythme du refrain de cette chanson se prête bien au saut à la corde. À l'aide de ce rythme, compose une comptine à l'intention des plus jeunes qui jouent à la corde. Consulte un dictionnaire de rimes qui t'aidera à trouver des mots amusants à inclure dans ta comptine. Présente ta comptine à un petit groupe d'élèves qui sautent à la corde.

☐ Imagine que tu deviens gérant ou gérante d'un groupe musical franco-ontarien. Planifie la tournée du groupe en choisissant les endroits où il offrira des spectacles. Conçois un dépliant qui présente les détails de la tournée, une affiche publicitaire et des billets de spectacles.

☐ Compose une nouvelle strophe que tu ajouteras à cette chanson. Respecte le rythme et la structure des rimes.

☐ Fabrique la pochette du disque compact sur lequel cette chanson pourrait se trouver.

COMMUNICATION ORALE (tâches ouvertes)

☐ Discute de l'évolution des appareils qui permettent d'enregistrer et d'écouter la musique. Discute aussi des styles musicaux et des différentes stations de radio. Compare, avec les membres de ton équipe, les habitudes d'écoute musicale de chacun et de chacune.

☐ Invente et présente un «rap» au sujet d'un thème se rapportant à l'école.

☐ À ton avis, est-ce facile de percer sur la scène musicale de nos jours? Quels sont les éléments essentiels à l'obtention de succès dans le lancement d'une carrière musicale? Participe avec ton groupe-classe à une discussion portant sur ce thème.

Fiche de planification du dossier d'écriture

Préécriture d'une chanson

Je choisis un thème.	
J'écris des mots portant sur ce thème.	J'écris des expressions se rapportant à ce thème.

✓ J'écoute la mélodie et le rythme des mots et des sons.
✓ Je consulte un dictionnaire de rimes et j'enrichis ma liste de mots.
✓ J'invente une nouvelle mélodie ou je m'inspire d'une mélodie connue pour écrire ma chanson.

Fiche de planification du dossier d'écriture

Préécriture d'un poème ou d'une chanson

Je choisis un thème.

Je pense à ce thème et je note des mots et des expressions.

Vue	Ouïe	Odorat	Toucher	Goût

Je note les sentiments et les émotions.

Je note des verbes.

Je trouve des comparaisons.
(…comme…)

Fiche de planification du dossier d'écriture

Préécriture d'un poème ou d'une chanson

Je choisis un thème.	
Je trouve des rimes en	J'écris des expressions se rapportant à ce thème.

L'électricité
Pages 158 et 159

RAISONNEMENT — Questions à répondre à l'aide des idées du texte.

☐ Décris le montage d'un circuit en série et le montage d'un circuit en parallèle.

☐ Dans ce compte rendu, trouve :
  - le nom d'un outil;
  - le nom d'une sorte de dessin;
  - le nom d'une source d'énergie;
  - le nom des deux pôles d'une source de courant électrique continu;
  - un verbe qui signifie «mettre un appareil en communication avec un circuit électrique».

☐ À l'aide d'un diagramme de Venn, compare les caractéristiques et les propriétés des deux types de circuits électriques étudiés dans cette expérience.

☐ Pourquoi a-t-on besoin de six ampoules?
  Pourquoi a-t-on besoin d'une paire de pinces coupe-fil?

☐ Dans le texte, trouve les réponses aux questions suivantes :
  a) Qu'arrive-t-il lorsqu'on dévisse une ampoule dans un circuit en série?
  b) Qu'est-ce qu'un circuit fermé?
  c) Pourquoi l'ampoule du circuit en parallèle s'allume-t-elle, même s'il manque une ampoule dans le circuit?

☐ Fais deux schémas : un illustrant un circuit fermé, l'autre illustrant un circuit ouvert.

☐ Reproduis les deux schémas de ce compte rendu. Trace, à l'aide de flèches, le mouvement des électrons dans les deux circuits.

COMMUNICATION — Questions à répondre à l'aide des idées du texte et des connaissances et expériences personnelles.

☐ Pourquoi parle-t-on des jeux de lumières décoratifs dans la conclusion de ce compte rendu?

☐ Selon le résultat de cette expérience, penses-tu que les lumières de la salle de classe sont montées en circuit en parallèle ou en circuit en série? Explique ta réponse.

☐ Énumère les causes possibles d'une panne électrique dans ta maison. Quels appareils sont touchés par une telle panne?

☐ Utilises-tu les piles sèches de façon habituelle? Dépends-tu de cette forme d'énergie? Utilises-tu des piles rechargeables? Doit-on jeter ou recycler les piles sèches? À l'aide de ces questions, réfléchis à l'utilisation que tu fais des piles sèches et participe à une discussion avec ton équipe à ce sujet.

☐ Toujours en tenant compte du thème de l'électricité, formule trois problèmes qui seraient intéressants à étudier.

ORGANISATION DES IDÉES — Questions pour montrer la compréhension de l'organisation du texte.

☐ Explique l'utilité des schémas dans le compte rendu d'une expérience scientifique.

☐ Une hypothèse est une supposition qui tente de prédire les résultats d'une expérience ou encore, d'expliquer un problème ou un phénomène.
Quels mots montrent que l'hypothèse dans ce compte rendu est une supposition?

☐ Note, dans l'ordre, les titres de chacune des sections du compte rendu. Décris ce que l'on trouve dans chaque section. Compare ton plan avec celui d'un ou d'une partenaire.

☐ En lisant la section intitulée *Observations*, détermine si l'hypothèse a été confirmée ou infirmée. Explique ta réponse.

RESPECT DES CONVENTIONS LINGUISTIQUES — Questions pour montrer la compréhension des conventions linguistiques apprises.

☐ Dans le premier paragraphe de la conclusion, surligne les verbes conjugués et souligne les verbes à l'infinitif.

☐ L'élision, c'est la suppression de la voyelle finale d'un mot lorsque ce mot est suivi d'un mot commençant par une voyelle ou un «h» muet.
L'apostrophe (') est le signe qui marque l'élision d'une voyelle.
Exemples : j'arrive, l'hiver, puisqu'on, etc.
Les composés avec *que* : *jusque, lorsque, puisque* et *quoique* sont élidés à l'aide de l'apostrophe devant des mots tels que *il, ils, elle, elles, on, un* et *une*.
Trouve des exemples d'élision dans le texte de la page 159 et classe-les selon les critères suivants :

Élisions des composés avec *que*	Autres élisions

☐ Voici des adjectifs démonstratifs : ce, cet, cette, ces.
Compose d'abord une phrase avec chacun d'eux. Complète ensuite les phrases ci-dessous à l'aide de ces adjectifs démonstratifs.

a) _____ soir, je vais préparer un repas à la chandelle.

b) _____ piles sont faibles.

c) Sur _____ feuille, tu trouveras toutes les informations nécessaires.

d) _____ fil métallique ne convient pas à _____ circuit.

e) C'est le circuit de _____ électricien qui fonctionne le mieux.

f) Le filament de _____ ampoule est défectueux.

g) Je suis déçu des résultats de _____ expérience.

☐ Corrige les anglicismes dans les phrases suivantes :

a) Les *batteries* de ma *flashlight* sont mortes.

b) Je veux *faire sûr* que mon circuit *marche* bien.

ÉCRITURE (tâches ouvertes)

☐ Écris un récit d'aventures qui se déroule pendant une panne d'électricité.

☐ Écris l'autobiographie d'une pile.

☐ Examine la facture d'électricité et analyse la consommation d'électricité dans ton foyer. Illustre, sur un diagramme, la consommation en électricité et son coût sur une période de trois mois. Décris les habitudes de consommation de ta famille et énumère des moyens que vous pourriez mettre en place pour économiser de l'énergie.

☐ Choisis une invention qui a changé le cours de l'histoire. Rédige un article de journal qui aurait pu paraître à l'époque où cette invention est apparue. Décris cette invention et émets des prédictions quant à la façon dont elle va transformer la vie des gens.

☐ Avec un ou une partenaire, renseigne-toi quant aux différents formats de piles sèches et sur leurs nombreuses utilités. Prépare une affiche qui renseignera les gens.

☐ Dessine une affiche qui explique le fonctionnement d'une lampe de poche, d'un jeu de lumière d'extérieur ou d'une lampe de chevet.

☐ Choisis une marque de piles sèches et prépare une annonce publicitaire qui en fait la promotion.

COMMUNICATION ORALE (tâches ouvertes)

☐ Présente, devant le groupe-classe, le compte rendu d'une expérience scientifique se rapportant au thème de l'électricité, que tu as faite avec ton équipe.

☐ Avec trois partenaires, présentez quatre différents comptes rendus d'expérience. À tour de rôle, interrompez la personne qui parle, comme si quelqu'un changeait le poste de radio à toutes les 10 ou 15 secondes. Les extraits des comptes rendus doivent s'enchaîner assez rapidement. Le résultat de cette présentation sera comique.

☐ En équipe, participez à un remue-méninges qui vous aidera à trouver des sources de rechange aux piles sèches. Tentez de prédire les changements futurs dans le domaine de l'alimentation en énergie des petits appareils.

La forme et la vitesse
Pages 160 et 161

RAISONNEMENT — Questions à répondre à l'aide des idées du texte.

☐ Dessine des schémas accompagnant chacune des étapes de la méthode.

☐ Trouve des indices AVANT et APRÈS, comme dans l'exemple, qui t'aideront à comprendre le sens des mots ci-dessous. Explique le sens de ces mots dans le texte.

	Indices AVANT et APRÈS	Explication
chronométrer	chronomètre, … le temps utilisé pour…, secondes	mesurer le temps avec un chronomètre
soluble		
confirmée		
friction		
lisse		

☐ Pour comprendre le sens des mots ci-dessous, trouve des mots de même la famille ou cerne un petit mot dans le grand mot. Explique le sens de ces mots dans le texte.

	Mots de la même famille ou petit mot dans le grand mot	Explication
chronométrer	mètre, chrono	mesurer le temps
allonger		
déplacement		
aplatir		
permis		

☐ Quelle forme voyage le plus rapidement dans l'huile? Décris et illustre cette forme.

☐ Présente les résultats de cette expérience dans un diagramme à lignes brisées.

☐ Comment explique-t-on que la vitesse de descente des objets diminue d'un essai à l'autre?

☐ Relis la conclusion. Quel genre de forme se déplace le plus vite? Pourquoi?

COMMUNICATION — Questions à répondre à l'aide des idées du texte et des connaissances et expériences personnelles.

☐ Selon toi, pourquoi fait-on trois essais pour mesurer la vitesse de déplacement de chaque forme? Pourquoi calcule-t-on la moyenne des trois essais?

☐ Selon toi, pourquoi utilise-t-on de l'huile végétale plutôt que de l'eau?

☐ Tu dois vérifier si la vitesse de descente d'un objet est affectée par la salinité de l'eau. Note le matériel nécessaire qui t'aidera à réaliser ton expérience et décris la méthode que tu suivras.

☐ Examine les dessins en haut de la première page du compte rendu. Selon toi, pourquoi a-t-on placé un lièvre et une tortue dans ces deux véhicules?

ORGANISATION DES IDÉES — Questions pour montrer la compréhension de l'organisation du texte.

☐ Une expérience scientifique est réalisée dans le but de résoudre un problème. Ce problème peut habituellement être posé sous forme de question. Ajoute les mots qui manquent à la question ci-dessous. En suivant ce modèle, rédige trois autres questions qui proposent de nouvelles expériences.
Est-ce que _____ peut influencer _____?

☐ Quels éléments de ce compte rendu soumettrais-tu à quelqu'un qui veut réaliser la même expérience, sans toutefois lui en divulguer les résultats?

☐ Compare les sections *Interprétation* et *Conclusion*. Note les ressemblances et les différences entre le contenu de ces deux sections du compte rendu.

☐ Pourquoi présente-t-on des résultats dans un tableau au lieu d'écrire des phrases descriptives?

RESPECT DES CONVENTIONS LINGUISTIQUES — Questions pour montrer la compréhension des conventions linguistiques apprises.

☐ Reproduis le tableau ci-dessous. Trouve des mots de la même famille que ceux qui s'y trouvent et classe-les.

Noms	Verbes	Adjectifs	Adverbes
solution, solubilité, soluté, solvabilité, solvant, dissolution, insolvabilité	solubiliser, dissoudre, résoudre	soluble, insoluble, solvable, insolvable	indissolublement
vitesse			
	déplacer		
huile			
forme			
descente			

☐ Quelle est la forme des verbes dans la section *Méthode* de ce compte rendu?
Relève les verbes qui donnent une directive dans cette section et conjugue-les au présent de l'indicatif, à la deuxième personne du singulier et au passé composé, à la première personne du pluriel.

☐ L'**adjectif attribut** du sujet est rattaché au sujet par un verbe d'état et il exprime une qualité ou une manière d'être. Les verbes d'état les plus usuels sont *être*, *sembler*, *paraître*, *devenir*, *rester* et *demeurer*.
L'**adjectif épithète** s'accorde avec le nom auquel il se rapporte.
À la page 161, surligne tous les adjectifs des sections *Interprétation* et *Conclusion*. Classe-les ensuite dans un tableau comme celui ci-dessous.

Adjectif attribut (sujet) : verbe d'état	**Adjectif épithète** (nom)
allongée (forme) : être	allongée (forme)
rapide (elle) : être	moyenne (vitesse)

☐ Lis les phrases de la section *Méthode*. Après chaque verbe de cette section, pose les questions *qui?* et *quoi?* Souligne les groupes de mots qui répondent à ces questions. Ce sont des compléments d'objet directs.

☐ Reconstitue les phrases ci-dessous en plaçant les mots dans le bon ordre.
a) objet – affecte – déplacement – la – vitesse – d'un – forme – sa – de
b) friction – la – surface – plus – la – est – lisse – lorsque – diminue

☐ Imite la structure des phrases interrogatives ci-dessous en remplaçant les mots en italique.
Exemple : Est-ce que *la forme d'un objet* peut influencer *sa vitesse de déplacement*?
Est-ce que *la longueur des cheveux* peut influencer *le poids d'une personne*?
a) Je crois que plus *un objet* est *allongé*, plus *il se déplace vite*.
b) Certaines *formes allongées* offrent moins de *résistance* ou de *friction*.
c) Nous concluons donc qu'avec moins de *friction*, *l'objet* peut *augmenter sa vitesse*.

☐ Complète les phrases ci-dessous en accordant l'adjectif attribut avec le sujet du verbe. Souligne le verbe d'état dans la phrase.

    a) Cette expérience peu complexe est _____(intéressant).

    b) La forme de pâte à modeler paraît maintenant moins _____(allongé).

    c) Les résultats démontrent que les formes ne restent pas _____(intacte).

    d) La liste du matériel nécessaire semble _____(complet).

    e) Dans la plupart des expériences, plusieurs essais sont _____(essentiel).

ÉCRITURE (tâches ouvertes)

☐ Rédige les règlements de sécurité à observer pendant une expérience scientifique. Commence chacune des phrases avec un infinitif.

☐ Trouve la description d'une expérience scientifique que tu peux réaliser. Effectue cette expérience. Rédige un compte rendu de ton expérience et fais part de tes résultats à ton groupe-classe.

☐ Crée une ligne du temps commentée et illustrée de l'évolution des avions au fil des ans.

☐ Effectue une recherche portant sur l'histoire et le développement d'un moyen de transport. Prépare un montage, à l'aide des nouvelles technologies, dans lequel tu fais part de tes découvertes.

☐ Examine les caractéristiques des vélos de course. Prépare un diagramme où tu décris les formes et les fonctions des différentes parties d'un vélo de course.

☐ Une forme à surface lisse, sans coins, offre peu de friction ou de résistance. Grâce à cette information, dessine ou fabrique deux formes qui pourront se déplacer assez rapidement ainsi que deux formes qui se déplaceront plutôt lentement.

☐ Dans une course de caisses à savon, la voiturette fabriquée par les participantes et les participants doit descendre rapidement une pente. Fais le croquis d'un véhicule utilisé pour ce type de course.

COMMUNICATION ORALE (tâches ouvertes)

☐ Avec un ou une partenaire, effectue une expérience pour vérifier si le nombre de côtés d'un objet influence sa vitesse de déplacement. Ensemble, émettez une hypothèse. Utilisez des pyramides, des polyèdres, des cubes et des prismes pour vérifier votre hypothèse et discutez des résultats.

☐ Présente une expérience scientifique à ton groupe-classe. Apporte le matériel nécessaire à ta démonstration. Tu peux même demander à des volontaires de t'aider. Recueille oralement les hypothèses des élèves avant de commencer. Tu peux aussi leur demander de formuler des interprétations et de tirer des conclusions.

☐ Recueille quelques communiqués qui parlent de découvertes scientifiques. Choisis celle que tu trouves la plus intéressante. En tant qu'animateur ou animatrice de bulletin de nouvelles internationales, présente un court bulletin de nouvelles servant à informer les gens de cette nouvelle découverte.
Nous interrompons cette émission pour vous…

☐ Le compte rendu n'est pas un type de texte qui se limite aux expériences scientifiques! Fais le compte rendu oral d'un livre, d'un spectacle ou d'une vidéo.

☐ En équipe, modifiez la fable *Le lièvre et la tortue*, de Jean de Lafontaine, afin d'y inclure les modes de transport illustrés au haut de la page du compte rendu que vous venez de lire. Présentez cette version sous forme de saynète.

La vie animale
Pages 162 et 163

RAISONNEMENT — Questions à répondre à l'aide des idées du texte.

☐ Présente les résultats de cette expérience dans un diagramme à bandes.

☐ Décris l'espace utilisé dans la cour pour réaliser cette expérience. Fais le croquis de l'aménagement de cet espace.

☐ Dans ce compte rendu, trouve :
 – le nom d'un instrument d'optique;
 – le nom d'un ustensile;
 – le nom des espèces animales observées;
 – le nom d'un outil de référence;
 – le nom scientifique désignant un milieu naturel et les organismes qui y vivent.

☐ Pourquoi a-t-on besoin…
 a) de quatre petits bâtons de bois?
 b) d'une petite pince?
 c) d'une lampe de poche?

☐ Dans le texte, trouve les réponses aux questions suivantes :
 a) Quelle est la différence entre le nombre d'espèces animales prévu dans l'hypothèse et le nombre d'espèces observé?
 b) Quelle espèce est la plus commune dans l'échantillon recueilli?
 c) Que sait-on au sujet de l'espèce dont le nom est inconnu?
 d) Quels sont les éléments de la conclusion de ce compte rendu?

COMMUNICATION — Questions à répondre à l'aide des idées du texte et des connaissances et expériences personnelles.

☐ Calcule l'aire et le périmètre de l'espace requis pour réaliser cette expérience. Est-il nécessaire de faire un carré avec la corde? Si les côtés du carré mesuraient trois mètres chacun, quels seraient l'aire et le périmètre de cet espace? Quelle longueur de corde serait nécessaire pour délimiter ce nouvel espace?

☐ Comment le dictionnaire visuel aide-t-il à reconnaître les espèces? Discute avec un ou une autre élève de la façon de s'en servir efficacement.

☐ *En faisant un calcul rapide, il est possible de croire que des milliers d'insectes vivent sous nos pieds.*
 Cette phrase se trouve dans la conclusion. Qu'en penses-tu? Selon toi, quel est ce calcul rapide qui permet cette supposition?

ORGANISATION DES IDÉES — Questions pour montrer la compréhension de l'organisation du texte.

☐

Une expérience scientifique est réalisée dans le but de résoudre un problème. Ce problème peut habituellement être posé sous forme de question. En suivant le modèle de ce compte rendu, rédige trois autres questions qui proposent de nouvelles expériences.	Une hypothèse est une supposition qui tente de prédire les résultats d'une expérience ou encore, d'expliquer un problème ou un phénomène. En suivant le modèle de ce compte rendu, rédige des hypothèses qui répondent aux trois questions posées.
Combien?	Je crois que…

☐ Explique les principales caractéristiques de la partie *Méthode* dans un compte rendu d'une expérience scientifique.

☐ Dans un court message électronique, explique sommairement à un correspondant ou à une correspondante le compte rendu de l'expérience que tu viens de lire. Choisis les éléments essentiels permettant de renseigner cette personne au sujet du déroulement de l'expérience et des résultats obtenus.

RESPECT DES CONVENTIONS LINGUISTIQUES — Questions pour montrer la compréhension des conventions linguistiques apprises.

☐ Les adjectifs qui se terminent en **el** et en **eil** au masculin prennent deux **l** et un **e** au féminin.
Exemples :
offici**el** → offici**elle**
verm**eil** → verm**eille**
Écris les adjectifs ci-dessous au féminin.
visuel, pareil, (beau) bel, réel, individuel, vermeil, essentiel, officiel, artificiel, confidentiel, sensationnel, personnel, naturel, accidentel, (vieux) vieil
Choisis quelques adjectifs de cette liste et compose deux phrases qui les contiennent.

☐ Dans la partie *Conclusion*, trouve les adjectifs qualificatifs suivants : animales, animale, présente, rapide. Indique si ces mots sont des adjectifs épithètes ou des adjectifs attributs du sujet. Note leur fonction dans un tableau comme celui ci-dessous.

Adjectif	Fonction : épithète ou attribut du sujet	Qualifie le nom ou se rapporte au sujet «…»
infirmée, féminin singulier	attribut du sujet	se rapporte au sujet «hypothèse»

☐ Relève six verbes du premier groupe dans la section *Interprétation*. Note la conjugaison aux trois personnes du singulier, au passé composé et au futur proche de chacun d'eux.

☐ La conjugaison des verbes en -**yer** est particulière.

	Présent de l'indicatif	**Futur simple de l'indicatif**
-ayer	je -aie ou -aye	-aierai ou -ayerai
-oyer	je -oie	-oierai
-uyer	je -uie	-uierai

Rédige des phrases qui contiennent les verbes ci-dessous. Consulte un tableau de conjugaison, au besoin.

a) Essuyer, deuxième personne du pluriel, présent de l'indicatif.

b) S'ennuyer, troisième personne du singulier, imparfait de l'indicatif.

c) Essayer, première personne du pluriel, passé composé de l'indicatif.

d) Bégayer, troisième personne du pluriel, futur simple de l'indicatif.

e) Appuyer, première personne du singulier, futur proche de l'indicatif.

f) Envoyer, deuxième personne du singulier, imparfait de l'indicatif.

g) Effrayer, participe présent.

☐ Modifie l'hypothèse de cette expérience en faisant une inversion dans la phrase. Combien y a-t-il de virgules dans ta phrase? Quelle est la fonction du groupe de mots qui se trouve maintenant au début de la phrase?

☐ Choisis trois verbes du premier groupe, dans la section *Méthode* et écris-les à la deuxième personne du singulier ainsi qu'à la deuxième personne du pluriel aux temps suivants de l'indicatif : présent, imparfait, passé composé, présent, futur proche et futur simple.

ÉCRITURE (tâches ouvertes)

☐ Une nouvelle planète sera bientôt habitée. Les scientifiques s'interrogent quant aux espèces vivantes qu'on pourrait apporter sur la planète. Rédige un dépliant publicitaire qui vante les mérites d'un insecte de ton choix. Tu dois convaincre les scientifiques d'inclure cet insecte dans leur projet. Utilise des illustrations et trouve des arguments solides qui appuient ton choix.

☐ Effectue une recherche portant sur cinq insectes qui se trouvent dans ton environnement. Reproduis un tableau comme celui ci-dessous et note des mots clés qui expliquent comment ces insectes sont à la fois utiles et nuisibles.

Insectes	**Actions utiles**	**Actions nuisibles**

- Avec un ou une partenaire, choisis un insecte qui fera l'objet d'une recherche. Pour lancer cette recherche, trouve les réponses aux questions suivantes :
  a) Quel est le nom scientifique de l'insecte? De quelle famille est-il?
  b) Quelles sont ses caractéristiques physiques? Prépare un diagramme qui présente les parties de son corps.
  c) Quel est son comportement, comment s'adapte-t-il à son milieu?
  d) Quel est son habitat? Quelles sont les caractéristiques de son environnement?
  e) Quel est son rôle dans l'écosystème auquel il appartient?
  f) Quels problèmes sont associés à cet insecte? Comment est-il perçu par la société?

- Effectue une recherche qui t'aidera à trouver le nom de l'espèce inconnue. Compare ta découverte avec celle des autres élèves. Notez toutes les hypothèses relevées ainsi que les sources d'information utilisées.

COMMUNICATION ORALE (tâches ouvertes)

- Si tu étais un insecte, lequel serais-tu? Personnifie cet insecte de façon à aider les élèves à mieux le connaître. Tu devras les convaincre de ne pas avoir peur de toi et leur demander de faire attention à toi.

- Trouve une invention humaine qui s'inspire du monde des insectes. À l'aide d'une illustration de cette invention, explique au groupe-classe le lien entre l'insecte et l'invention humaine qui lui ressemble.

- Renseigne-toi au sujet des moyens à prendre pour éviter les piqûres d'insectes et des premiers soins à prodiguer pour soigner les piqûres. Participe à une discussion à ce sujet avec le groupe-classe.

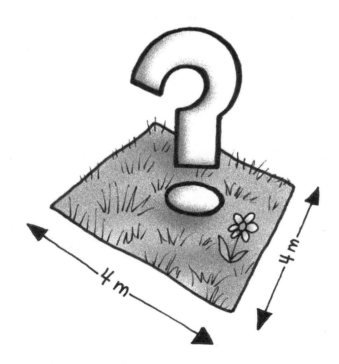

Fiche de planification du dossier d'écriture

Rédaction d'un compte rendu d'une expérience scientifique

Problème	Hypothèse
Est-ce que…? Pourquoi…? Comment…? Combien…?	Je crois que… Je pense que… À mon avis,…

Liste du matériel nécessaire	Croquis ou schémas

Méthode J'écris les verbes à la forme infinitive (p. ex., prendre, faire, brasser)	Je note l'ordre dans lequel je vais transcrire les étapes.

Fiche de planification du dossier d'écriture

Rédaction d'un compte rendu d'une expérience scientifique (suite)

Observations

Tableau des résultats					

Interprétation

Conclusion
L'hypothèse est confirmée. ☐   L'hypothèse est infirmée. ☐
Explication scientifique, généralisation, application à la vie quotidienne...

Fiche technique du dossier d'écriture

Pour une présentation soignée des sections *Matériel* et *Méthode* de ton compte rendu, trouve la fonction *Puces et numéros,* dans ton traitement de texte. Explore les formats de **puces** et de **numéros** disponibles et sélectionne celui qui te plaît. Quand tu appuieras sur la touche ENTRÉE pour ajouter le prochain élément de ta liste, ton traitement de texte insérera automatiquement la puce ou le numéro suivant.

Exemples :

Matériel	**Méthode**
☐ 6 ampoules de lampe de poche ☐ 2 piles sèches ☐ fil métallique ☐ paire de pinces coupe-fil	1. Brancher trois ampoules et une pile sèche pour former un circuit en série. 2. Brancher trois ampoules et une pile sèche pour former un circuit en parallèle. 3. Dévisser une ampoule à la fois et observer les résultats.

Dans ton traitement de texte, utilise la fonction *Tableaux* pour présenter tes résultats.

La Nouvelle-France : l'avenir à nos portes
Pages 164 et 165

RAISONNEMENT — Questions à répondre à l'aide des idées du texte.

☐ Prépare un lexique où tu expliqueras les mots ci-dessous, tirés du texte.
possession, colons, pionniers, prospère, exotique, fertilité, subvenir, expatrier, destinée, concession

☐ Qui sont les personnes suivantes : Jacques Cartier, François 1er et Louis Hébert?

☐ Fais la liste des attraits que propose la vie en Nouvelle-France aux nouveaux colons et explique la façon dont ils pourront y gagner leur vie.

☐ Dans le texte, trouve les réponses aux questions suivantes :
   a) De quoi ce dépliant publicitaire fait-il la promotion?
   b) Quel est le public cible de ce dépliant publicitaire? Comment le sais-tu?
   c) Comment les gens peuvent-ils obtenir plus d'information s'ils sont intéressés à participer?

COMMUNICATION — Questions à répondre à l'aide des idées du texte et des connaissances et expériences personnelles.

☐ Selon toi, quel aurait été, aux yeux des Européens, le plus grand attrait de la Nouvelle-France à l'époque de la colonisation? Justifie ta réponse.

☐ Tu disposes de 30 secondes pour inviter les gens de la France à venir s'établir en Nouvelle-France, tel que l'aurait fait un crieur public autrefois. Sélectionne l'information de ce dépliant publicitaire que tu présenteras, tout en t'assurant de respecter le temps alloué. Ton discours commencera par : «Oyez, oyez!».

☐ *N'attendez pas plus longtemps, car plusieurs voudront, eux aussi, profiter de cette occasion unique...*
Relis bien cette phrase. Dans quelles circonstances peut-on lire ou entendre une telle phrase? Que penses-tu de cette tactique qui cherche à influencer les gens? Quel est son effet sur les consommateurs et les consommatrices?

☐ Dans la section *Richesses du Canada*, on décrit les habitants du Canada. Qui sont ces gens?

☐ Si tu avais vécu en France à l'époque de la colonisation, aurais-tu choisi de t'aventurer en Nouvelle-France? Pourquoi?

ORGANISATION DES IDÉES — Questions pour montrer la compréhension de l'organisation du texte.

☐ Un message publicitaire est souvent présenté en trois étapes : attirer, convaincre et conclure. Peux-tu retrouver les trois étapes dans ce message publicitaire?

☐ Que représentent les illustrations dans ce dépliant?

☐ Plusieurs mots et expressions tentent de valoriser l'expérience des futurs pionniers et pionnières, et de rendre très attirante l'aventure qui les attend. Dans la préparation d'un document comme celui ci-dessous, une banque de mots peut être préparée à l'étape de la préécriture. Note les mots accrocheurs du texte dans un tableau comme celui ci-dessous.

Verbes	Adjectifs	Expressions
accueillir	aventureuses courageuses	territoire exceptionnel

RESPECT DES CONVENTIONS LINGUISTIQUES — Questions pour montrer la compréhension des conventions linguistiques apprises.

☐ Les noms et les adjectifs qui se terminent en **-er** au masculin changent **-er** en **-ère** au féminin.
Les noms et les adjectifs qui se terminent en **-f** au masculin changent **-f** en **-ve** au féminin.
Les noms et les adjectifs qui se terminent en **-x** au masculin changent **-x** en **-se** au féminin.

Écris les mots ci-dessous au féminin.
premier, persuasif, courageux, maladif, pionnier, époux, étranger, dernier, fier, miraculeux, agressif, neuf, particulier, aventureux, veuf, captif, naïf, prisonnier, jaloux, chansonnier

☐ Examine les tableaux de conjugaison des verbes en **-eler** (appeler, ruisseler, étinceler, etc.) et des verbes en **-eter** (jeter, projeter, feuilleter, cacheter, etc.).
Généralement, la consonne est doublée pour obtenir le son «è» (Exemples : appelle, jette).
Fais attention aux verbes qui ne suivent pas cette règle :
– en **-eler** : geler, déceler, peler et modeler (-èle);
– en **-eter** : acheter, haleter, crocheter (-ète).

Choisis des verbes qui ne suivent pas la règle et place-les dans cinq phrases que tu rédigeras. Écris les verbes à l'imparfait ou au passé composé de l'indicatif.

☐ L'emploi de l'impératif est courant dans un dépliant publicitaire. Pourquoi?
Relève, dans le texte, dix verbes conjugués à l'impératif. Écris, entre parenthèses, l'infinitif de chacun de ces verbes. Par exemple : venez (venir).

☐ Les règles d'utilisation de la virgule sont nombreuses. Trouve une phrase du texte qui illustre bien chacune des situations présentées dans ce tableau.

Virgule utilisée dans une énumération. p. ex., Vous recevrez *du bois, des outils, de la vitre* et *des clous*.	
Virgule utilisée dans une inversion. p. ex., *En Nouvelle-France*, l'aventure vous attend!	
Virgule utilisée pour mettre un ensemble de mots en apostrophe. p. ex., Vous recevrez, *chers colons*, une concession et des matériaux de construction.	

☐ Dans un tableau comme celui ci-dessous, note des termes spécifiques se rapportant aux catégories à la gauche et qui commencent avec la lettre indiquée au haut de chaque colonne. En équipe, choisis deux autres termes génériques de façon à obtenir un total de cinq catégories. Consulte un dictionnaire visuel, au besoin. Compare ensuite ton tableau avec des membres de ton équipe.

Catégories	A	V	E	N	I	R
Matériaux						
Métiers						
Mets						

ÉCRITURE (tâches ouvertes)

☐ Choisis un produit ou un service qui, selon toi, serait difficile à vendre à un certain public cible. Prépare un dépliant publicitaire qui incite ces gens à acheter le produit ou le service que tu auras choisi.

☐ Crée un dépliant publicitaire faisant la promotion de ton groupe-classe, de ton école ou de ta bibliothèque publique.

COMMUNICATION ORALE (tâches ouvertes)

☐ Imagine que tu es un ou une autochtone du Canada. Comment réagis-tu à l'arrivée d'inconnus chez toi? Participe à une saynète improvisée portant sur le thème de la colonisation.

☐ Tu es journaliste. Le roi François 1er t'envoie en Nouvelle-France au mois de janvier de l'an 1590. Tu dois préparer un bulletin de nouvelles renseignant le public au sujet de la colonisation. Présente les nouvelles régionales, nationales et internationales. Termine ton journal avec des nouvelles sportives et les prévisions de la météo. Enregistre ce bulletin de nouvelles sur une cassette audio ou vidéo.

☐ Quelqu'un se présente à la réunion d'information et décide de s'embarquer pour la Nouvelle-France. Imagine la réaction de sa famille. Monte une saynète avec deux ou trois partenaires.

Les richesses du nord de l'Ontario
Pages 166 et 167

RAISONNEMENT — Questions à répondre à l'aide des idées du texte.

☐ Dans le texte, trouve les réponses aux questions suivantes :

  a) De quoi ce dépliant publicitaire fait-il la promotion?

  b) Quels genres d'activités sont proposés près du lac Supérieur?

  c) Quel est le public cible de cette publicité?

  d) Comment les gens peuvent-ils obtenir plus d'information s'ils sont intéressés?

☐ Illustre ou explique le sens des expressions suivantes : en état d'extase, être bouche bée, être choyé, être exalté, être hypnotisé.

☐ Lis dans le dictionnaire les différents sens des mots ci-dessous.
monde, valeur, long, amateur, gorge
Retrouve ces mots dans le texte du dépliant publicitaire et transcris ensuite pour chaque mot la définition correspondant au sens qu'a ce mot dans le texte.

COMMUNICATION — Questions à répondre à l'aide des idées du texte et des connaissances et expériences personnelles.

☐ Quelle partie de l'Ontario te semble la plus intéressante à visiter? Pourquoi?
Le tourisme en Ontario, tout un univers!

☐ Cet intertitre suggère que le tourisme en Ontario est un domaine d'activité très vaste et diversifié. Quels types d'emplois sont courants dans le domaine du tourisme? Examine ta liste une fois qu'elle sera dressée et sélectionne un type d'emploi qui te semble intéressant.

ORGANISATION DES IDÉES — Questions pour montrer la compréhension de l'organisation du texte.

☐ Si on assemble et qu'on plie ce dépliant pour le distribuer, quel sera son titre? Note les intertitres dans l'ordre qu'ils se présenteront.

☐ Un message publicitaire est souvent présenté en trois étapes : attirer, convaincre et conclure. Quels arguments servent à attirer le public dans ce message publicitaire?

RESPECT DES CONVENTIONS LINGUISTIQUES — Questions pour montrer la compréhension des conventions linguistiques apprises.

☐ Les noms et les adjectifs qui se terminent en **-el** ou **-eau** au masculin prennent deux **l** et un **e** au féminin.
Écris les mots ci-dessous au féminin.
beau, agneau, réel, jumeau, criminel, essentiel, résidentiel, professionnel, intellectuel, nouveau

☐ Consulte le tableau de conjugaison d'un verbe du deuxième groupe (p. ex., verbe *finir*). Rédige des phrases qui contiennent les verbes suivants.

a) Envahir, deuxième personne du pluriel, présent de l'indicatif.

b) Chérir, troisième personne du singulier, imparfait de l'indicatif.

c) Brandir, première personne du pluriel, passé composé de l'indicatif.

d) Jaillir, troisième personne du pluriel, futur simple de l'indicatif.

e) Atterrir, première personne du singulier, futur proche de l'indicatif.

f) Accomplir, deuxième personne du pluriel, présent de l'impératif.

☐ Trouve dans le texte cinq participes passés employés avec l'auxiliaire être. Note le sujet auquel chaque participe passé se rapporte ainsi que son genre et son nombre.

Participe passé employé avec l'auxiliaire être	Sujet	Genre	Nombre
sont attirés	qui (ceux et celles)	masculin	pluriel

☐ Les interjections sont des mots invariables; ils expriment souvent des sentiments. Certaines interjections sont des onomatopées, des mots qui reproduisent des bruits. Ces mots peuvent être des phrases à eux seuls.

Imagine des interjections prononcées par les touristes qui visitent le Nord de l'Ontario. Fais-en une liste et fais part de tes trouvailles au groupe-classe.

Exemples : **Zut!** j'ai manqué le train! **Hélas!** je me suis perdue en route. **Oh!** que c'est beau! Elle a monté sa tente et **crac!**

☐ Voici les **pronoms démonstratifs** :

Pronoms démonstratifs simples	Pronoms démonstratifs composés		Pronoms démonstratifs neutres
celui ceux celle celles	celui-ci celle-ci ceux-ci celles-ci	celui-là celle-là ceux-là celles-là	ce (c') ça ceci cela
	ci exprime la proximité **ci** renvoie au dernier nommé	**là** exprime l'éloignement **là** renvoie au premier nommé	**ce** est souvent sujet, presque toujours devant le verbe être

Souligne les pronoms démonstratifs dans les phrases ci-dessous et discute de leurs fonctions (sujet du verbe, complément du verbe, attribut du sujet) avec un ou une partenaire.

a) Catherine dort sous la tente, mais cela ne l'empêche pas d'être confortable.

b) Voici mes photos : celle-ci a été prise lors de ma randonnée pédestre et celle-là raconte ma rencontre avec un chevreuil.

c) Montre-moi tes valises. À quoi sert celle-ci?

d) Ce n'est pas un endroit très occupé.

e) J'aime bien le terrain de camping de Wawa, mais je préfère celui de Marathon.

f) Qu'est-ce que tu veux pour déjeuner?

g) Sais-tu utiliser ton appareil photo? Et celui de tes parents?

h) Préférez-vous les attractions du sud de l'Ontario à celles du nord?

i) Ceux-ci sont mes nouveaux souliers parce que ceux-là sont percés.

j) Un livre, c'est tout ce dont vous avez besoin pour planifier un voyage en Ontario.

☐ Avec un ou une partenaire, compare deux sites touristiques ontariens en utilisant autant de pronoms démonstratifs que possible.

ÉCRITURE (tâches ouvertes)

☐ Écris une lettre de demande de renseignements au centre d'information touristique de ta région. Demande ce qu'il y a à faire et à voir pendant l'été.

☐ L'Ontario est divisé en douze régions touristiques. Avec un ou une partenaire, choisis une de ces régions et rédige un dépliant publicitaire dont l'objectif est d'attirer les touristes dans cette région de l'Ontario.

☐ Prépare un dépliant publicitaire qui fait connaître une planète du système solaire.

☐ Crée une affiche qui met en valeur le lac Supérieur et tous ses attraits.

☐ Prépare une liste de questions que les touristes peuvent poser lorsqu'elles et ils se présentent dans les centres d'information touristiques.

COMMUNICATION ORALE (tâches ouvertes)

☐ Imagine que tu marches en forêt et que tu te trouves soudainement devant un majestueux orignal, un ours énorme, un loup affamé ou un chevreuil nerveux. Raconte, avec expression, ton expérience au groupe-classe.

☐ Avec un ou une partenaire, examine une carte routière de l'Ontario et discute de la meilleure route à prendre pour visiter, en partant de votre ville ou village, la gorge d'Agawa, la plage de Wasaga et les chutes du Niagara.

Techno-plume
Pages 168 et 169

RAISONNEMENT — Questions à répondre à l'aide des idées du texte.

☐ Dans le dépliant, trouve les réponses aux questions suivantes :

a) Quelle entreprise fabrique la techno-plume?

b) Qu'offre-t-on aux clientes et aux clients dans le but de les inciter à se procurer le produit rapidement?

c) Où peut-on acheter la techno-plume? Comment peut-on trouver plus d'information à son sujet?

d) Quels accessoires proposés sont indispensables? Lesquels sont optionnels?

☐ Dans le dépliant, trouve les réponses aux questions suivantes :

a) Quelle est la capacité de la mémoire de la techno-plume?

b) Comment nous avertit-on lorsqu'une erreur est commise?

c) De quelle façon corrige-t-on une erreur?

d) Peut-on revendre sa techno-plume à quelqu'un d'autre?

☐ Trouve, dans le texte, les expressions ou les mots utilisés pour désigner :

a) des fanatiques;

b) le plus récent;

c) saleté;

d) envoie, dirige;

e) trace laissée par les doigts;

f) un acheteur, un client.

☐ Que peut faire l'élève si elle ou il ne trouve pas la plume à son goût?

☐ *Techno-plume, l'instrument d'écriture intelligent pour les élèves qui n'ont pas de temps à perdre!*
Que signifie ce slogan?

COMMUNICATION — Questions à répondre à l'aide des idées du texte et des connaissances et expériences personnelles.

☐ Prépare un message qui fait la promotion de la techno-plume, à la radio. Choisis les informations qui te permettront de présenter un message efficace, d'une durée de 45 secondes.

☐ Dans ce dépliant, on fait la promotion de techno-plume en décrivant quatre de ses caractéristiques. Laquelle de ces caractéristiques, selon toi, serait la plus appréciée par un ou une élève de la 6ᵉ année? Justifie ta réponse.

☐ La techno-plume possède plusieurs accessoires. Imagine un autre accessoire que l'entreprise pourrait vendre pour accompagner ce produit. Décris cet accessoire et fais part de ton idée à ton groupe-classe à l'occasion d'une mise en commun.

☐ Quelles caractéristiques des produits scolaires t'incitent à les acheter? En équipe, prépare un sondage qui cernera les habitudes de consommation des jeunes de ton entourage. Fais part des résultats de ton équipe au groupe-classe.

☐ Estime le prix de ce nouveau gadget. Explique tes calculs.
Selon toi, ce gadget est-il disponible sur le marché? Pourquoi?

ORGANISATION DES IDÉES — Questions pour montrer la compréhension de l'organisation du texte.

☐ Note les intertitres de ce dépliant et écris le slogan de ce produit.

☐ Un message publicitaire est souvent présenté en trois étapes : attirer, convaincre et conclure.
Quels arguments servent à convaincre dans ce message publicitaire?

☐ Une stratégie utilisée en publicité est la **répétition**. Habituellement, on entend ou on lit au moins quatre fois le nom d'un produit dans un message publicitaire. Combien de fois peut-on lire le nom du produit dont il est question dans ce dépliant?

RESPECT DES CONVENTIONS LINGUISTIQUES — Questions pour montrer la compréhension des conventions linguistiques apprises.

☐ Les noms et les adjectifs qui se terminent en **-eur** au masculin changent généralement **-eur** en **-euse** au féminin.
Les noms et les adjectfs qui se terminent en **-teur** au masculin changent **-teur** en **-trice** au féminin.
Écris les noms et les adjectifs ci-dessous au féminin.
joueur, consommateur, moqueur, voleur, créateur, lecteur, acheteur, utilisateur, conteur, spectateur, acteur, correcteur, trompeur, chanteur, rêveur

☐ Dans les phrases ci-dessous, écris la bonne terminaison : **-er** (infinitif) ou **-é** (participe passé).
a) Vous devez vous procur____ ce nouveau gadget.
b) Lorsqu'une faute a ét____ commise, la techno-plume peut vous l'indiqu____.
c) La plume peut gard____ plusieurs mots en mémoire.
d) Vous allez ador____ ce cadeau qui sera livr____ à votre porte.
e) L'essay____, c'est l'adopt____.

☐ Trouve un antonyme et un synonyme à chacun des mots suivants :
trouver, acheteur, adorer, amies, pratique, petit, équivalent, faciliter, finir, satisfait

☐ Accorde les adjectifs qualificatifs avec les noms auxquels ils se rapportent et rédige une phrase avec ces groupes sujets.

a) Les stylos (fantastique) _____.

b) Des acheteurs (satisfait) _____.

c) Un écran (minuscule) _____.

d) Une cartouche (dispendieux) _____.

e) Des erreurs (coûteux) _____.

☐ Remplace les mots soulignés par des pronoms démonstratifs.
Exemple : J'emprunte le stylo de ma sœur. J'emprunte celui de ma sœur.

a) Il a acheté les nouveaux gadgets qu'il trouvait à son goût.

b) Cette acheteuse reviendra demain choisir la techno-plume qu'elle désire.

c) Les élèves qui n'ont pas de temps à perdre achètent techno-plume!

d) La techno-plume est tellement utile, qu'un stylo à bille ne fait plus mon affaire.

☐ Lis la phrase suivante : *Ce message s'adresse à tous les jeunes mordus de nouveaux gadgets technologiques et pratiques.* Explique la raison pour laquelle les mots *pratique* et *technologique* prennent un **s**.

☐ Le point-virgule marque une pause plus longue que la virgule, en indiquant toutefois que la phrase n'est pas terminée. On ne met pas de majuscule au mot qui suit le point-virgule, sauf s'il s'agit d'un nom propre.

a) Quand une phrase est étroitement liée à celle qui précède, on peut joindre ces phrases par un point-virgule. Transcris deux phrases du texte où le point-virgule sert cette fonction.

b) Aussi, le point-virgule s'emploie après chaque élément d'une énumération verticale. Un point marque la fin de cette énumération. Transcris deux phrases du texte où le point-virgule sert cette fonction. Quel autre signe de ponctuation est utilisé dans ces deux énumérations?

☐ Le **deux points (:)** sert à annoncer une **énumération**, une **explication** ou une **citation**. Le deux points n'est suivi d'une majuscule que lorsqu'il annonce une citation.
Dans le texte, relève l'usage de ce signe de ponctuation.

ÉCRITURE (tâches ouvertes)

- ☐ Avec un ou une partenaire, inventez un nouveau produit. Préparez un dépliant publicitaire qui le décrit. Utilisez des adjectifs qualificatifs!

- ☐ Crée le logo de l'entreprise qui vend la techno-plume. Présente aussi une explication écrite des éléments du logo.

- ☐ En équipe, participe à la réalisation de dépliants publicitaires visant à réduire la consommation d'énergie à l'école. Distribuez vos dépliants aux élèves et au personnel.

- ☐ Crée un dépliant qui présente une personnalité francophone canadienne, d'hier ou d'aujourd'hui, qui s'est distinguée dans un domaine spécifique.

- ☐ Écris une lettre remerciant la compagnie Créations Techno de ce que leur nouveau produit t'a apporté.

- ☐ Écris une lettre de demande de renseignements à la compagnie Créations Techno pour obtenir d'autres informations au sujet de leur nouveau produit.

- ☐ Le site web www.techno-plume.com a besoin d'une nouvelle page d'accueil. Sur une feuille blanche ou à l'ordinateur, crée la nouvelle page d'accueil du site Internet de la compagnie.

- ☐ Techno-plume est une version perfectionnée d'un produit existant : le stylo. Pense à un autre produit qui pourrait aussi être modifié et amélioré. Fais le croquis de ce nouveau produit. Décris ces caractéristiques et ces propriétés.

COMMUNICATION ORALE (tâches ouvertes)

- ☐ Une stratégie de marketing populaire est le témoignage. On a recours aux paroles de quelqu'un de connu ou de convaincant pour influencer les consommateurs et les consommatrices. Imagine que tu dois endosser la techno-plume à la télévision au cours d'une émission de promotion. Joue ce rôle devant le groupe-classe.

- ☐ Tu te spécialises dans la vente. Choisis un nouveau produit et improvise une saynète où tu tentes de convaincre des consommateurs et des consommatrices d'acheter cette nouveauté.

- ☐ Avec un ou une partenaire, simule une conversation téléphonique entre un client ou une cliente et le service à la clientèle de la compagnie Créations Techno.

Fiche de planification du dossier d'écriture

Préparation à la rédaction d'un dépliant publicitaire

✓ Détermine le but du dépliant publicitaire.

Description du produit, du lieu, de l'événement, du comportement ou de l'élément à faire connaître.	

✓ Cerne la clientèle cible de ton message. Il est important de savoir à qui s'adresse ton message pour bien choisir un ton et un langage appropriés.

Qui pourrait s'intéresser à ce que tu veux publiciser?	

✓ Pour rédiger un dépliant intéressant, prépare une banque de mots variés.

Verbes	Adjectifs	Expressions

✓ Pense à un slogan ou à des jeux avec les mots à inclure dans ton dépliant publicitaire.

Fiche de planification du dossier d'écriture

Fond du message

✓ Pour organiser un message de façon efficace, classe tes idées et tes arguments de façon :

à attirer	à convaincre	à conclure

Forme du dépliant publicitaire

Type et couleur du papier :

Format de la page :

Nombre de colonnes :

✓ Pense à des illustrations et à une présentation originale.

Si tu travailles avec un traitement de texte, vérifie s'il offre des *modèles* ou des *assistants* qui te guideront dans la création d'un dépliant ou d'une brochure.

Le système parlementaire
Pages 170 et 171

RAISONNEMENT — Questions à répondre à l'aide des idées du texte.

☐ Dans le texte, trouve les informations suivantes :

a) Pourquoi Naeem écrit-il à sa députée?

b) Qu'est-ce qu'un député?

c) Qu'est-ce qu'un gouvernement majoritaire?

☐ On appelle **champ sémantique** l'ensemble des mots d'un texte appartenant à la même idée. Note tous les mots du texte qui se rapportent au système parlementaire de façon à reconstituer le champ sémantique de cette idée.

☐ Trouve la signification des expressions ou des mots ci-dessous en te servant des indices du texte ou d'un outil de référence : données pertinentes, circonscription, élection, fédéral, majoritaire, minoritaire.

COMMUNICATION — Questions à répondre à l'aide des idées du texte et des connaissances et expériences personnelles.

☐ Lorsque plusieurs personnes travaillent ensemble, il peut arriver que certains membres de l'équipe manquent à leurs responsabilités. Que peux-tu faire dans une telle situation? En petite équipe, formule des règlements qui assureront le bon fonctionnement du travail d'équipe.

☐ À ton avis, quel est le meilleur parti parmi ceux qui siègent présentement au Parlement? Justifie ton choix.

☐ Naeem fait partie d'une équipe de travail. Sa tâche était d'écrire la lettre que tu viens de lire. Quelles pourraient être les tâches des autres membres de son équipe?

ORGANISATION DES IDÉES — Questions pour montrer la compréhension de l'organisation du texte.

☐ Fais le plan de l'en-tête d'une lettre de demande de renseignements : c'est-à-dire tout ce qui doit paraître avant le premier paragraphe.

☐ Le dernier paragraphe d'une lettre de demande de renseignements, qu'on nomme la salutation, est constitué, généralement, d'une formule de politesse. Habituellement, dans la formule de politesse, on reprend la formule d'appel. Réécris le dernier paragraphe de la lettre de Naeem. Souligne en rouge la formule d'appel qui est répétée dans ce paragraphe. Souligne en bleu tous les mots qui te semblent liés à la politesse.

☐ En équipe, participe à l'élaboration d'une liste de formules de politesse en remplissant un tableau comme celui ci-dessous.

Je vous remercie de… Je vous remercie à l'avance de…	… l'attention que vous porterez à ma demande.
Je vous prie de croire…	… en mes sentiments les plus dévoués.

RESPECT DES CONVENTIONS LINGUISTIQUES — Questions pour montrer la compréhension des conventions linguistiques apprises.

☐ Trouve des mots de la même famille que les mots suivants : recueillir, gouvernement, majoritaire, agréer, sincère.

☐ Choisis un de ces groupes de mots invariables et compose une phrase avec chacun des mots qui s'y trouvent.

d'ailleurs	dorénavant	autant
lorsque	finalement	pourtant
moins	présentement	tant
plus	tellement	tant mieux
temps	vraiment	tant pis

☐ Mets les verbes à la deuxième personne du singulier en respectant les temps et les modes ci-dessous. Consulte un tableau de conjugaison, au besoin.

a) À l'école, nous *étudions* présentement le système parlementaire fédéral du Canada.

b) J'*ai trouvé* des informations.

c) Mon équipe *compte* sur moi.

d) Les députés *forment* le gouvernement.

e) Les journalistes *parlaient* du gouvernement.

	Imparfait de l'indicatif	Passé composé de l'indicatif	Futur proche de l'indicatif	Futur simple de l'indicatif	Présent de l'impératif
a)					
b)					
c)					
d)					
e)					

☐ Parmi les différentes catégories de déterminants, on trouve les adjectifs démonstratifs : *ce*, *cet*, *cette* et *ces*.
Relève les adjectifs démonstratifs dans cette lettre de demande de renseignements.
Compose une phrase avec l'adjectif démonstratif qui n'y apparaît pas.

ÉCRITURE (tâches ouvertes)

☐ Écris une lettre à une personne ou à un organisme lui demandant des renseignements au sujet d'un projet auquel tu travailles en ce moment. Commence par faire le plan de ta lettre en t'assurant d'y inclure les principaux renseignements que tu recherches. Trouve ensuite l'adresse postale de la personne ou de l'organisme à qui tu envoies ta lettre ainsi que son numéro de téléphone. Tu peux appeler le service à la clientèle de l'organisme pour obtenir le nom d'une personne-ressource. Adresse-lui ta lettre.

☐ À l'aide du texte et d'autres sources, prépare un lexique où se trouveront les mots suivants : le gouvernement fédéral, le Parlement, la Chambre des communes, le Sénat, les députés et les circonscriptions.

☐ Choisis un député, un ministre, un sous-ministre ou même un employé de la fonction publique, à qui tu écriras une lettre demandant quelques renseignements qui t'intéressent au sujet du gouvernement canadien. Tiens compte des éléments et de la structure de la lettre de demande de renseignements au moment de rédiger.

☐ Prépare une ligne du temps qui présente le nom des personnes qui ont occupé le poste de maire de ta municipalité, ou le poste de député de ta circonscription provinciale ou fédérale, au fil des ans.

☐ Trouve le nom de la ville où habite Naeem. Effectue une recherche qui te permettra de découvrir le nom de la circonscription et le nom du député actuel, ou de la députée actuelle, de cette circonscription. Comment s'appelle ta circonscription et qui en est le député ou la députée?

☐ À ton avis, quels sont les rôles et les responsabilités des députés dans leur circonscription? Avec un ou une partenaire, trace une toile d'araignée servant à cerner toutes les facettes de ce poste.

☐ Consulte la bibliothèque de ton école pour préparer une bibliographie composée de livres qui traitent du parlement canadien. Consulte ensuite Internet et note les sites pertinents, qui pourraient servir à la recherche de Naeem.

☐ Lis attentivement les questions de Naeem. Renseigne-toi et réponds le mieux possible à sa lettre de demande de renseignements en tant qu'attaché ou attachée de presse de la députée en question.

COMMUNICATION ORALE (tâches ouvertes)

☐ Au Canada, le droit de voter est accordé aux personnes de 18 ans et plus. Le Parlement présentera peut-être un jour un projet de loi qui changera l'âge du droit de vote à 16 ans. En équipe de deux, participez à un mini-débat portant sur ce sujet. Énumérez les arguments qui sont en faveur de cette nouvelle loi et ceux qui s'y opposent.

☐ Pendant les élections, les candidates et les candidats mènent une campagne dans le but de convaincre les citoyennes et les citoyens de les élire. En équipe, tente de relever les meilleurs moyens de se faire connaître et de convaincre les gens de voter pour nous.

☐ Examine la carte électorale de l'Ontario ou du Canada. Observe la répartition des députés selon les partis politiques. Que remarques-tu? Que peux-tu déduire en tenant compte de tes observations? Discutes-en avec le groupe-classe.

☐ Consulte les sites Internet des différents partis politiques provinciaux et fédéraux. Choisis le site qui te semble le mieux réussi. Présente-le à ton groupe-classe en soulignant les éléments que tu juges les plus intéressants.

☐ Visionne l'émission : *Ballon-panier, balle chaude* de la trousse de TFO, 6ᵉ année, Série «En forme» BPN 398109 et échange tes observations avec tes camarades d'équipe.

L'entraînement sportif
Pages 172 et 173

RAISONNEMENT — Questions à répondre à l'aide des idées du texte.

☐ Dans le texte, trouve les informations suivantes :

a) Nomme certaines ressources que Marie-Josée a utilisées pour se renseigner au sujet de l'entraînement sportif **avant** d'écrire sa lettre.

b) Quelles qualités doit avoir un athlète professionnel selon Marie-Josée?

c) Quelles sont les questions de Marie-Josée concernant l'entraînement physique?

d) Outre l'entraînement physique, quel autre aspect de la préparation des joueurs intéresse Marie-Josée?

☐ Dans le texte, Marie-Josée parle de «saison régulière» et de «saison estivale». Explique la différence entre ces deux saisons. Justifie ta réponse à l'aide de passages du texte.

☐ Marie-Josée écrit : *Quelqu'un qui veut devenir athlète professionnel doit avoir beaucoup de discipline personnelle pour maintenir sa forme physique et mentale.* Explique ce que veulent dire ces deux expressions : *forme physique* et *forme mentale.*

☐ Tente de mieux comprendre les mots ci-dessous à l'aide d'indices dans le texte, des illustrations ou de mots de la même famille que tu connais. Expliques-en ensuite le sens.

	Indices ou mots de la même famille	Explication
des *bienfaits*		
un niveau de *compétence*		
parties *éliminatoires*		
saison *estivale*		
la *nutrition*		
un *régime*		
je vous prie d'*agréer*		

COMMUNICATION — Questions à répondre à l'aide des idées du texte et des connaissances et expériences personnelles.

☐ Selon toi, Marie-Josée a-t-elle posé de bonnes questions à l'entraîneur? Explique ton opinion. Les questions qu'elle pose se limitent-elles au hockey? Explique ta réponse.

☐ Choisis une activité sportive. Fais le bilan des habiletés nécessaires qui permettent d'exceller dans ce sport.

☐ *Mon entraîneur de hockey nous a aussi montré que certains exercices permettent d'améliorer nos performances.*
Énumère une variété d'exercices et note leurs effets sur la performance d'un ou d'une athlète.

ORGANISATION DES IDÉES — Questions pour montrer la compréhension de l'organisation du texte.

☐ La formule d'appel n'apparaît pas seulement au début de la lettre. Dans quelle autre partie de la lettre la retrouve-t-on?

☐ Énumère les éléments clés présentés au début de la lettre. Trouve les réponses aux questions suivantes : qui? quoi? où? quand? comment? pourquoi?

☐ Prépare l'enveloppe dans laquelle sera envoyée cette lettre. Illustre le timbre avec un dessin approprié.

☐ Note les éléments de la lettre en style télégraphique. Présente les informations dans un tableau comme celui ci-dessous.

Date	
Nom, titre et adresse complète de la ou du destinataire	
Formule d'appel	
M E S S A G E	Le pourquoi de la lettre – se présenter et expliquer la raison de la correspondance
	Les détails nécessaires pour que la lettre soit bien comprise : une idée par paragraphe. * * *
Salutation	
Signature et adresse de l'expéditeur ou de l'expéditrice	

☐ Transforme cette lettre en message de courrier électronique. Sélectionne les éléments clés et utilise un style plus direct et concis pour poser les questions à l'entraîneur.

RESPECT DES CONVENTIONS LINGUISTIQUES — Questions pour montrer la compréhension des conventions linguistiques apprises.

☐ Imite la structure des phrases interrogatives ci-dessous en remplaçant les mots en italique.

a) Exigez-vous un *minimum de temps d'entraînement par jour de vos joueurs*?

b) Quels *genres d'exercices* font-ils?

c) Ont-ils *un programme d'entraînement obligatoire* pendant *la saison estivale*?

d) Pendant quel moment *avant un match* doit-on *manger*?

e) Est-ce que *tous les joueurs* suivent le même *régime*?

☐ Observe bien le tableau des homophones **ce** ou **se**.

Ce est un adjectif démonstratif s'il est suivi d'un groupe nominal au masculin singulier. **Ce** est un pronom démonstratif si on peut le remplacer par **cela** ou s'il est placé devant les mots **qui** ou **que**.	**Se** est un pronom personnel employé à la 3ᵉ personne du singulier ou du pluriel. Il est suivi d'un verbe. On peut remplacer se par **lui-même, elle-même, eux-mêmes** ou **elles-mêmes**.

Complète les phrases ci-dessous avec un de ces homophones.

a) Je m'intéresse à _____ sujet.

b) Il _____ prépare pour une joute _____ soir.

c) Marie-Josée _____ renseigne sur les méthodes d'entraînement.

d) Dis-moi _____ que tu cherches.

e) Que _____ passe-t-il à l'entraînement?

f) Elle _____ préoccupe de tout _____ qui touche au hockey.

g) On _____ nourrit adéquatement avant la partie.

h) Martin _____ soumet à _____ régime.

i) La pratique _____ déroulera en soirée.

j) Marie-Josée _____ pose des questions sur tout _____ qui touche l'entraînement sportif.

☐ Choisis un verbe du premier groupe et complète les phrases ci-dessous. Utilise la bonne terminaison (**er** ou **é**), selon si ce verbe s'écrit à l'infinitif présent ou au participe passé.

a) Certains joueurs devraient se _____ davantage.

b) Un athlète peut _____ s'il s'entraîne convenablement.

c) Marie-Josée est très _____ par ce sujet.

d) Les coureurs pourront _____ cette piste.

e) Marie-Josée ira _____ l'entraîneur des Sénateurs d'Ottawa.

f) Elle avait _____ des fleurs pour sa grand-mère.

g) Ta sœur a bien _____ mes conseils.

h) Ta mère et toi êtes _____ à mon chalet d'été.

i) Les élèves veulent _____ au soccer.

j) Cette vedette a _____ aux Jeux olympiques.

☐ Observe bien le tableau des articles.

Articles **définis**	Articles **indéfinis**	Articles **partitifs**	Articles **contractés** (élision de **de** et à avec les articles **le** et **les**)
le, la, l', les	un, une, des	du, de la, de l', d'	du (de + le), des(de + les), au(à + le), aux(à + les)

Écris des phrases portant sur le thème de l'activité physique en t'assurant qu'elles contiennent des articles. Transcris ces phrases en remplaçant les articles par des traits (p. ex., J'ai oublié _____ sacs _____ épicerie à _____ arrêt _____ autobus.). Échange ta copie avec celle d'un ou d'une partenaire et réécris les phrases en ajoutant les articles qui manquent.

☐ Parmi les différentes catégories de déterminants, on trouve les adjectifs interrogatifs ou exclamatifs : *quel*, *quelle*, *quels* et *quelles*.

Adjectifs interrogatifs	**Adjectifs exclamatifs**
Quels genres d'exercices font-ils? (masc. plur.)	**Quel** progrès! (masc. sing.)

Ajoute un adjectif interrogatif ou exclamatif aux phrases ci-dessous. Reproduis le tableau ci-dessus et classes-y les adjectifs interrogatifs ou exclamatifs.

a) _____ aliments doit-on manger avant une épreuve physique?

b) _____ belle victoire pour les Sénateurs!

c) _____ exercices peuvent améliorer nos performances?

d) À _____ moment avant un match doit-on manger?

e) _____ jeunes filles remarquables!

ÉCRITURE (tâches ouvertes)

☐ Écris une lettre à quelqu'un que tu admires et demande-lui des renseignements sur sa vie personnelle et professionnelle. Trouve son adresse postale et envoie-lui ta lettre.

☐ Fabrique une affiche qui présente les bienfaits de l'exercice physique.

☐ Réalise une bande dessinée humoristique illustrant une session d'entraînement physique d'un groupe sportif.

COMMUNICATION ORALE (tâches ouvertes)

☐ Renseigne-toi au sujet des actualités sportives dans ta communauté. Présente un bulletin de nouvelles sportives au groupe-classe.

☐ Transforme cette lettre en appel téléphonique. Interprète ce jeu de rôle avec un ou une partenaire. Utilise les formules de politesse appropriées pendant ta conversation.

☐ Visionne l'émission : *Les sauts* de la trousse de TFO, 6e année, Série «En forme» BPN 398102 et fais part de tes observations à ton équipe.

Les Premières Nations
Pages 174 et 175

RAISONNEMENT — Questions à répondre à l'aide des idées du texte.

☐ Quel est le but de cette lettre? Transcris des phrases qui dévoilent l'intention de l'auteure.

☐ Pourquoi Nicole demande-t-elle des renseignements au ministère des Affaires indiennes et du Nord Canada?

☐ Que fera l'équipe d'élèves lorsqu'elle aura terminé la collecte d'informations portant sur le mode de vie des Hurons?

☐ Dans le texte, trouve les mots ou les expressions qui veulent dire : ancienne, spécialement, beaucoup, article, échange.

☐ Que veut dire la phrase ci-dessous, tirée du texte?
Je vous remercie à l'avance pour toutes les pistes que vous pourrez nous donner.

☐ De quelles façons les gens du ministère des Affaires indiennes et du Nord peuvent-ils répondre à la lettre de Nicole?

COMMUNICATION — Questions à répondre à l'aide des idées du texte et des connaissances et expériences personnelles.

☐ Nicole fait partie d'une équipe de travail. Sa tâche était d'écrire la lettre que tu viens de lire. Quelles pourraient être les tâches des autres membres de son équipe?

☐ Pourquoi Nicole demande-t-elle si elle a le droit d'ajouter certaines illustrations et photos à son projet? Qu'est-ce qui peut empêcher leur utilisation libre?

☐ Comment s'appelle l'équipe de travail de Nicole? Pourquoi l'équipe a-t-elle choisi ce nom?

ORGANISATION DES IDÉES — Questions pour montrer la compréhension de l'organisation du texte.

☐ Trace le plan de cette lettre. Écris des mots clés qui résument l'idée principale de chaque paragraphe de la lettre.

☐ Dans quelles villes se trouvent les destinataires de cette lettre? et l'expéditrice?

☐ Quelle est la formule d'appel de cette lettre? Pourquoi Nicole a-t-elle choisi cette formule? Où Nicole réutilise-t-elle cette même formule?

RESPECT DES CONVENTIONS LINGUISTIQUES — Questions pour montrer la compréhension des conventions linguistiques apprises.

☐ *La vie des Hurons – la langue huronne*
Discute avec un ou une partenaire du fait que le mot *Hurons* prend une majuscule, tandis que le mot *huronne* n'en prend pas. Trouvez d'autres exemples semblables à celui ci-dessus.

☐ Complète le tableau ci-dessous avec des termes spécifiques.

Termes génériques	Termes spécifiques
vêtements	pantalon, jupe, bas, manteau, etc.
habitats	
passe-temps	
toponymes	
langues	

☐ Dans les phrases ci-dessous, écris les verbes au futur simple de l'indicatif.
a) Nicole (recevoir) _____ une réponse bientôt.
b) L'équipe (vérifier) _____ le courrier électronique à chaque jour.
c) Chaque membre (faire) _____ sa part afin de préparer un travail de qualité.
d) (Finir)_____ -tu de rédiger ce texte avant la date de tombée du projet?
e) Vous (atteindre)_____ vos buts si vous faites preuve d'un effort soutenu.

☐ Tu fais partie de l'équipe de Nicole. Compose trois phrases au sujet des Premières Nations à l'aide des pronoms indéfinis suivants : *rien, personne, plusieurs* et *tout*.
Exemple : Les Premières Nations ne connaissaient *rien* du mode de vie des Européens avant leur arrivée.

☐ Voici un tableau des adjectifs possessifs.

mon	ton	son
ma	ta	sa
mes	tes	ses
notre	votre	leur
nos	vos	leurs

Dans la lettre, surligne tous les adjectifs possessifs. Encercle le nom auquel chacun se rapporte. Compose des phrases avec les adjectifs possessifs qui n'apparaissent pas dans la lettre.

☐ L'élision de la voyelle **i** dans **si** est obligatoire devant *il* et *ils*.

Exemple : *Sais-tu **s'il** a lu ma lettre?* (et non ~~si il~~).

Dans la lettre, trouve une phrase où *si* est élidé. Transcris cette phrase et composes-en une nouvelle qui imite sa structure. Remplace les mots qui suivent l'élision.

☐ Examine la conjugaison des verbes en **-eler** (appeler) et en **-eter** (jeter).

Généralement, la dernière consonne est doublée de façon à donner le son «è» (appelle, jette).

Fais attention aux verbes qui ne suivent pas cette règle :

– en **-eler** : geler, déceler, peler et modeler (-èle);

– en **-eter** : acheter, haleter, crocheter (-ète).

Écris les verbes entre parenthèses au présent de l'indicatif.

a) Elle (appeler) au Centre de la recherche historique.

b) Nous (acheter) du papier de couleur.

c) Vous (feuilleter) un livre.

d) Ils (projeter) se renseigner rapidement.

e) Je (cacheter) l'enveloppe avant de la déposer dans la boîte aux lettres.

f) Je ne (geler) pas, car je porte un chapeau de fourrure.

g) Les étoiles (étinceler) dans le ciel.

h) Tu (renouveler) ton abonnement à la compagnie qui te donne accès à Internet.

i) Nous nous (appeler) l'équipe Wendat.

j) Les Européens (atteler) leurs chevaux à la charrette.

ÉCRITURE (tâches ouvertes)

☐ Rédige un poème illustrant les premiers contacts entre les premiers missionnaires français et les autochtones de la Huronie.

☐ L'adresse du manufacturier est souvent sur l'emballage des produits. Avec un ou une partenaire, choisis un produit et écris une lettre de demande de renseignements pour obtenir des réponses à tes questions concernant ce produit.

☐ Ton groupe-classe planifie un voyage éducatif. Choisis un site touristique intéressant et écris trois questions que tu pourrais poser au bureau touristique au sujet de ce site.

COMMUNICATION ORALE (tâches ouvertes)

☐ Essaie de faire du troc en salle de classe. Apporte, avec la permission d'un parent, un objet dont tu n'as pas besoin et tente de convaincre un ou une camarade de classe de faire un échange avec toi.

☐ Compare ton mode de vie (passe-temps, habitat, nourriture préférée, vêtements, vedettes que tu admires…) à celui de tes parents alors qu'ils avaient ton âge. Fais une mise en commun avec les autres élèves.

☐ Téléphone à une entreprise de ta région. Informe-toi de leurs heures d'ouverture, des produits qu'ils vendent ou des services qu'ils offrent.

Fiche de planification du dossier d'écriture

Préparation à la rédaction d'une lettre de demande de renseignements

Date	

Nom, titre et adresse complète de la ou du destinataire

Formule d'appel
Monsieur, Madame, Cher Monsieur, Chère Madame, etc.
(On utilise Cher ou Chère seulement si l'on connaît bien la personne.)

M E S S A G E	Le pourquoi de la lettre : se présenter et expliquer la raison de la correspondance.
	Les questions et les détails nécessaires pour que la demande soit bien comprise (une idée par paragraphe).

Remerciements et salutation	Répéter la formule d'appel :	de...
Je vous remercie, Croyez, Je vous prie de croire, Veuillez croire, Recevez, Agréez, Je vous prie d'agréer, Je vous prie de recevoir, Veuillez agréer, etc.	☐ Monsieur, ☐ Madame, ☐ cher Monsieur..., ☐ chère Madame...,	à... mon amical souvenir, mes sentiments amicaux, mes sincères salutations, mes meilleurs sentiments, mes sentiments distingués, mes sentiments respectueux, tous mes remerciements, mon profond respect, toute ma considération, etc.

Signature et adresse de l'expéditeur ou de l'expéditrice

✓ Organise les idées de ton message en paragraphes.

✓ Écris ta lettre à l'aide d'un traitement de texte.

La physique des chats...
Pages 176 et 177

RAISONNEMENT — Questions à répondre à l'aide des idées du texte.

☐ Dans la lettre, trouve les informations suivantes :

a) Quel problème préoccupe l'auteur de cette lettre?

b) L'auteur aimerait bien que les gens imitent les chats avant de prendre des décisions. Quelles sont, selon lui, les étapes à suivre avant de prendre une décision?

c) Quelles solutions l'auteur de cette lettre propose-t-il pour répondre au problème?

☐ Illustre, sous forme de bande dessinée, les actions d'un chat qui se prépare à sauter sur un objet qui fait plusieurs fois sa hauteur.

☐ Illustre les trois situations citées par l'auteur, où des individus prennent de très mauvaises décisions.

☐ Explique ce que l'auteur veut dire lorsqu'il écrit : «Si un chat peut **le faire**, pourquoi nous, les êtres humains, nous ne le pourrions pas?»

☐ Trouve les expressions ci-dessous dans la lettre. Cherche des indices qui t'aideront à expliquer, dans tes mots, le sens des expressions en caractères gras.

	Indices	Explication
nos **négligences** (paragr. 6)	– ressemble à «négliger». – dans le texte : «les répercussions négatives de nos actions», «agissent sans réfléchir».	nos actions qui ne sont pas prudentes, pas réfléchies
c'est sa grande **complexité** (paragr. 1)		
il observe sa **cible** (paragr. 2)		
la nature lui a fourni un **instinct** (paragr. 2)		
un problème de **dépendance** (paragr. 4)		
en cour pour **assaut** (paragr. 4)		
anticiper (paragr. 4)		

COMMUNICATION — Questions à répondre à l'aide des idées du texte et des connaissances et expériences personnelles.

☐ *Un conducteur ivre prend sa voiture et, en une seconde, sa vie et la nôtre peuvent être bouleversées.*
Explique la façon dont une telle situation peut bouleverser la vie d'un conducteur ivre, notre vie ou celle des deux.

☐ *Mieux vaut réfléchir avant d'agir que de regretter après avoir agi.*
Explique ces paroles. Trouve d'autres dictons ou proverbes qui transmettent un message semblable.

☐ *On devrait peut-être suivre des cours spéciaux sur l'art de prendre des décisions.*
Si tu suivais ce genre de cours, quels types de devoirs pourrais-tu avoir à faire?

ORGANISATION DES IDÉES — Questions pour montrer la compréhension de l'organisation du texte.

☐ Dans une lettre ouverte, l'auteur nous exprime son opinion concernant un sujet d'actualité qui lui tient à cœur . Dans le texte, trouve des expressions qui prouvent que ce sont bien des idées personnelles que l'auteur exprime.

☐ Dans la conclusion de sa lettre, quelle invitation l'auteur fait-il à la population?

☐ Relis attentivement cette lettre ouverte. Dresses-en le plan, et note, en style télégraphique, les différents éléments qui la compose.

RESPECT DES CONVENTIONS LINGUISTIQUES — Questions pour montrer la compréhension des conventions linguistiques apprises.

☐ Les noms et les adjectifs qui se terminent en **-au** et **-eu** au singulier prennent habituellement un **x** au pluriel. Écris les mots ci-dessous au pluriel. Surligne les mots qui font exception à la règle.
beau, pneu, jeu, corbeau, rideau, enjeu, bleu, landau, anneau, lieu, vœu, traîneau, troupeau, morceau, aveu.

☐ On appelle élision, le fait de ne pas prononcer une voyelle lorsqu'elle précède une autre voyelle ou un *h* muet. L'élision est souvent marquée, à l'écrit, par une apostrophe. Il arrive souvent que les mots suivants : *le, la, je, me, te, se, de, ne* et les composés de *que*, soient élidés. L'élision a lieu lorsqu'ils sont devant un mot qui commence avec une voyelle ou un *h* muet. Trouve des exemples d'élision dans la lettre.

Mot (se termine par une voyelle)	Devant un mot commençant par une voyelle ou un *h* muet	Élision
je	adresse	j'adresse

☐ Conjugue aux trois personnes du pluriel, à l'imparfait et au futur simple de l'indicatif, les verbes suivants : polluer, voyager, inciter.

☐ La **virgule** est un signe de ponctuation utile :
– elle sépare les mots d'une énumération;
– elle isole le complément circonstanciel placé en début de phrase;
– elle met un mot en apostrophe.

Dans les phrases ci-dessous, ajoute les virgules aux bons endroits et note les fonctions qu'elles comblent.

a) Les chats eux sont capables de sauter très haut.

b) Chaque jour on commet des erreurs qu'on aurait pu éviter.

c) Dorénavant il faudra prendre des cours pour apprendre à réfléchir à prendre de bonnes décisions et à calculer les conséquences de nos actions.

d) Le chat lui sait calculer voir d'avance et attendre le bon moment.

e) Ma voisine possède deux chats un chien quatre poissons rouges et une perruche.

☐ Conjugue les verbes du deuxième groupe ci-dessous aux personnes et aux temps indiqués.

	Présent de l'indicatif	**Passé composé de l'indicatif**	**Imparfait de l'indicatif**	**Futur simple de l'indicatif**
Singulier (je, tu, il)	bondir	choisir	réfléchir	agir
Pluriel (nous, vous, elles)	subir	fournir	réagir	finir

☐ Les **guillemets** servent à encadrer les paroles rapportées, les citations et les extraits d'un ouvrage annoncés par le deux points.
C'est comme s'il se disait : «Inutile d'essayer, c'est impossible à faire!»
Ils servent aussi à relever des termes employés de façon particulière.
… ce dont un chat s'acquitte facilement chaque fois qu'il doit «prendre une décision»…
Dans cette lettre, trouve un autre exemple de chacune de ces deux utilisations des guillemets.

☐ Utilise les mots ci-dessous pour rédiger une phrase qui contient un complément circonstanciel de temps.

a) chat; réflexes; chaque jour

b) au bon moment; décision; problème

c) conséquences; il y a une semaine; gestes

d) cause; humains; par la suite

e) davantage; à l'avenir; produire

ÉCRITURE (tâches ouvertes)

☐ Trouve un article portant sur un sujet d'actualité qui t'intéresse et que tu veux commenter. Rédige une courte lettre ouverte exprimant tes opinions à ce sujet. Tu peux être en accord ou en désaccord avec ce qui a été écrit.

☐ Écris une lettre ouverte en incarnant un personnage fictif qui commente un événement parmi les suivants :

a) Cendrillon qui s'oppose au mauvais traitement dont elle est victime.

b) Le loup (personnage du conte *Les trois petits cochons*) qui prétend être mal jugé.

c) La fée des dents qui dénonce l'inflation.

d) Le Petit Poucet qui veut convaincre les parents en détresse de ne pas abandonner leurs enfants.

e) Un personnage de roman qui exprime ses frustrations concernant un problème auquel elle ou il doit faire face.

☐ Souvent, on voit des autocollants sur le pare-choc arrière des voitures. Ces autocollants présentent des messages de toutes sortes, souvent dans le but de faire rire ou de faire la propagande d'une idée, d'une opinion. Fabrique un autocollant qui incitera les gens à penser avant d'agir.

COMMUNICATION ORALE (tâches ouvertes)

☐ Consulte le journal et lis les lettres d'opinion qui y sont publiées. Choisis-en une qui présente une idée avec laquelle tu es d'accord. Lis cette lettre à voix haute aux membres de ton équipe et anime une discussion qui te fera découvrir l'opinion de tes pairs à ce sujet.

☐ L'auteur de la lettre donne trois exemples de situations dramatiques, causées par des erreurs de jugement. Incarne un des personnages décrits dans ce paragraphe et prépare une déclaration officielle en vue d'assister à une conférence de presse.

☐ Note, sur un bout de papier, une situation qui peut être controversée. Par exemple : Doit-on dénoncer un ami ou une amie qui intimide les autres? Les parents devraient-ils acheter tout ce que réclament leurs enfants de moins de cinq ans au magasin? Qui doit décider de ce que l'on regarde à la télévision?
Participe à un jeu d'improvisation où tu devras faire part de ton opinion sur un des sujets proposés par les élèves.

☐ Raconte une situation où tu as regretté d'avoir agi trop vite.

Lettre ouverte à la municipalité de Toronto : Sommes-nous tous des assassins?
Pages 178 à 180

RAISONNEMENT — Questions à répondre à l'aide des idées du texte.

☐ Complète le tableau ci-dessous tout en faisant la lecture de la lettre.

Questions posées	Solutions proposées

☐ Dans la lettre, trouve les informations suivantes :
a) Quelles sortes de pollueurs existe-t-il?
b) Quels sont les effets néfastes de la pollution automobile?
c) Quel règlement est en vigueur à Toronto à l'intention des automobilistes dont le moteur tourne à l'arrêt?
d) Quels sont les points faibles du réseau de transport public à Toronto?

☐ Quels autres noms l'auteur donne-t-il aux automobilistes pour montrer qu'ils nuisent à l'environnement?

☐ Explique le sens des expressions ci-dessous et fournis des exemples à chacune d'elles. Des mesures de répression (paragr. 2), un moyen de s'abriter (paragr. 4), un acte bien héroïque (paragr. 7).

COMMUNICATION — Questions à répondre à l'aide des idées du texte et des connaissances et expériences personnelles.

☐ Penses-tu que l'interdiction de circuler avec un véhicule motorisé dans la ville de Toronto un jour sur deux est un projet réalisable? Justifie ta réponse.

☐ Selon toi, l'auteur a-t-il posé de bonnes questions aux autorités de la ville. Explique ton opinion.

☐ En équipe, discutez d'autres moyens possibles pour réduire la pollution automobile. Faites part de vos suggestions au groupe-classe.

☐ En équipe, faites un remue-méninges à partir de la question suivante : Que pourraient faire les autorités d'une ville pour inciter les citoyennes et les citoyens à utiliser les transports publics? Retenez les deux meilleures suggestions et faites-en part au groupe-classe. Et pourquoi pas les transmettre également aux autorités de votre ville?

☐ L'auteur de la lettre ouverte propose l'interdiction de la circulation automobile, un jour sur deux, en se basant sur les chiffres pairs et impairs des plaques minéralogiques. Pense à une autre façon de répartir le flot des voitures et fais-en part à ton équipe.

ORGANISATION DES IDÉES — Questions pour montrer la compréhension de l'organisation du texte.

☐ Quel est le but de cette lettre? Transcris des phrases, tirées du texte, qui confirment l'intention de l'auteur.

☐ Pourquoi NOTRE POLLUTION est-il écrit en lettres majuscules?

☐ Dans une lettre ouverte, on exprime son point de vue pour convaincre un public cible à l'aide d'arguments pertinents. Écris le point de vue de l'auteur de cette lettre au centre d'une page. Tout autour, note les arguments qu'il présente dans son texte.

RESPECT DES CONVENTIONS LINGUISTIQUES — Questions pour montrer la compréhension des conventions linguistiques apprises.

☐ Ajoute des virgules aux phrases suivantes.
   a) Citoyennes et citoyens de Toronto cessez de polluer notre ville et notre planète!
   b) Mesdames et Messieurs du Conseil de la municipalité il faut faire plus et agir vite.
   c) Pour produire de la chaleur le moteur doit tourner.
   d) Selon la saison les chauffeurs peuvent réchauffer ou refroidir leur véhicule quelques minutes avant de repartir.
   e) Moi j'espère que ma lettre vous fera réfléchir et vous incitera à poser des gestes immédiats.

☐ Écris les noms et les adjectifs ci-dessous au féminin.
   citoyens, conscients, passagers, nouveaux, compagnon, irréguliers, public, chauffeurs, conducteur, mortel

☐ Ajoute des pronoms interrogatifs (*que* et ses composés) aux phrases suivantes :
   a) _____ sont les pires pollueurs?
   b) _____ peut-on faire pour réduire le montant de dioxine de carbone émis dans la ville?
   c) À _____ doit-on s'attendre du réseau de transport public?
   d) De ces modes de transport, _____ préfères-tu?
   e) _____ de ces questions te semble la plus importante?

☐ Les membres du Conseil municipal ont proposé trois nouveaux règlements qui affecteront les automobilistes et les chauffeurs des transports publics. Utilise les constructions négatives : ne ___ pas, ne ___ plus, ne ___ jamais, pour écrire ces nouveaux règlements.
   Exemple : Il ne faut jamais jeter des déchets à l'extérieur d'un véhicule!

☐ Reproduis le tableau ci-dessous. Trouve des mots de la même famille et classe-les dans le tableau.

Noms	Verbes	Adjectifs	Adverbes
pollueur			
	stationner		
	circuler		
		irrégulier	
gaz			

☐ Observe bien le tableau des homophones suivants :

c'est	s'est	ces	ses	sais, sait
Pronom démonstratif élidé (ce → c') devant le verbe être. – suivi d'un pronom, d'un nom ou d'un adjectif	Pronom personnel réfléchi élidé (se → s') suivi de l'auxiliaire être. – suivi d'un verbe	Déterminant démonstratif – *ce*, *cette* au pluriel	Déterminant possessif – *son*, sa au pluriel	Verbe savoir – je, tu sais – il, elle, on sait

Ajoute l'homophone [se] qui convient, dans les phrases suivantes :

a) Il ne pouvait plus respirer avec _____ poumons malades.

b) _____ gens sont les pires pollueurs.

c) Les moteurs tournent à l'arrêt : _____ l'hiver.

d) Ma sœur _____ mise à tousser.

e) _____ le nouveau maire de la ville qui a imposé _____ règlements.

f) Il a oublié _____ gants dans le métro.

g) _____ sérieux!

h) Je ne _____ pas si le règlement sera accepté.

i) On _____ que le transport en commun n'est pas le premier choix de _____ automobilistes.

ÉCRITURE (tâches ouvertes)

☐ Écris une lettre ouverte à ton journal scolaire ou régional au sujet d'un événement de l'actualité.

☐ Prépare une liste d'activités qui encouragent le respect de l'environnement et la réduction de la pollution à l'occasion de la Journée de la Terre.

☐ Participe à une collecte d'articles de journaux au sujet des problèmes de pollution à l'échelle régionale, nationale et internationale.

☐ En équipe, rédige un plan de réduction d'énergie à la maison et détermines-en les répercussions possibles sur l'économie ainsi que sur l'utilisation des ressources naturelles.

☐ Fais la liste des mesures à prendre dans le but d'améliorer le réseau de transport public à Toronto.

☐ Avec un ou une partenaire, remplis un tableau qui présente les avantages et les désavantages des transports publics.

☐ Prépare une affiche qui incite les citoyennes et citoyens de Toronto à utiliser les transports publics.

☐ Planifie, avec ton groupe-classe, un dîner sans déchets. Prépare des annonces et des affiches qui encouragent les autres élèves de l'école à y participer.

COMMUNICATION ORALE (tâches ouvertes)

☐ En équipe, discute des stratégies possibles pour réduire le gaspillage à l'école. Fais part des idées de ton équipe au groupe-classe.

☐ Les autorités de quelques villes canadiennes interdisent aux résidentes et résidents de leur ville l'application de pesticides sur les pelouses. Participez à un débat portant sur ce sujet. Énumérez les arguments en faveur de cette interdictions et ceux qui s'y opposent.

Une année, c'est douze mois
Page 181

RAISONNEMENT — Questions à répondre à l'aide des idées du texte.

☐ Dans la lettre, trouve les informations suivantes :

    a) Quel sujet d'actualité est traité dans cette lettre?

    b) Quelle est la solution proposée par Simon?

    c) Qui devrait prêter attention au message, selon Simon?

☐ Relève, dans le texte, deux arguments qui sont donnés pour appuyer l'idée que l'école pendant douze mois est un système avantageux.

☐ Explique le sens des mots ci-dessous et note une piste qui aidera d'autres élèves à le découvrir (pistes possibles : mots avant et après dans la lettre, petit mot compris dans le grand mot, mot de la même famille).
ingénieux, trimestre, relâche, estival, répartition

☐ Avec un ou une partenaire, prépare le calendrier de l'année scolaire proposée par Simon.

COMMUNICATION — Questions à répondre à l'aide des idées du texte et des connaissances et expériences personnelles.

☐ Selon toi, quel est le meilleur argument de cette lettre? Explique ton choix.

☐ Si ce genre de système était adopté, tu aurais des vacances à l'automne. Comment occuperais-tu ton temps? Fais l'horaire de tes activités pendant ces 14 jours et fais-en part à ton équipe.

☐ Quel serait, selon toi, l'horaire idéal d'une année scolaire? Quelles sont les ressemblances et les différences entre ta proposition et l'horaire actuel? et l'horaire proposé dans cette lettre? Fais-en part à ton équipe.

☐ Comment le système proposé par Simon nous permettrait-il de profiter au maximum des loisirs que chaque saison offre?

ORGANISATION DES IDÉES — Questions pour montrer la compréhension de l'organisation du texte.

☐ Il existe plusieurs types de lettres et de messages. Choisis un autre type de lettre et compare-le à la lettre ouverte dans un diagramme de Venn.

☐ Avant d'écrire sa lettre, Simon a fait la liste des arguments qu'il trouvait valables pour défendre son point de vue. Dresse la liste de ces arguments.

☐ Lorsque l'on envoie une lettre ouverte dans le but de la faire publier dans un journal, il faut être clair et concis, signer son texte, donner son nom complet, son adresse postale et son numéro de téléphone. Pourquoi?

☐ Le dernier paragraphe présente clairement la position de Simon à l'égard de l'enjeu dont il est question.

Transcris le texte ci-dessous, correspondant à la conclusion de Simon, en y ajoutant les déterminants qui manquent.	Imagine une nouvelle conclusion à une lettre ouverte en transcrivant le texte ci-dessous et en ajoutant les mots de ton choix pour compléter ces phrases.
Je souhaite que _____ conseillers scolaires, _____ gouvernement, _____ parents et _____ élèves prennent _____ temps de considérer _____ nombreux avantages de _____ école à _____ année. Je les encourage à s'informer davantage à _____ sujet et à inciter _____ conseil scolaire à tenter _____ expérience. Je suis convaincu que c'est _____ système rêvé pour tous.	Je souhaite que _____, _____, _____ et _____ prennent le temps de considérer les nombreux avantages de _____. Je les encourage à s'informer davantage à ce sujet et à inciter _____ à _____. Je suis convaincu ou convaincue que c'est _____.

RESPECT DES CONVENTIONS LINGUISTIQUES — Questions pour montrer la compréhension des conventions linguistiques apprises.

☐ Relève, dans la lettre, les expressions et les mots de relation qui marquent les transitions. *De plus*, *en plus*, *puis*, etc.
Quel signe de ponctuation accompagne souvent ces mots et ces expressions?

☐ Observe bien le tableau des homophones suivants :

sur	sûr	sur
Préposition, mot invariable. On sait qu'on doit écrire *sur*, sans accent circonflexe, lorsqu'on peut le remplacer par *sous* ou par une autre préposition.	Adjectif qualificatif qui signifie «certain»; s'accorde en genre et en nombre avec le nom auquel il se rapporte. On peut le remplacer par un autre adjectif (certain, assuré, etc.).	Adjectif qualificatif qui signifie «qui a un goût acide»; s'accorde en genre et en nombre avec le nom auquel il se rapporte.

Ajoute les bons homophones dans les phrases suivantes. Fais les accords nécessaires.

a) Assure-toi de bien poser un timbre _____ ton enveloppe.

b) Bien _____, j'aimerais avoir une journée de congé.

c) Elle va à l'école une semaine _____ deux.

d) Nous sommes _____ qu'il posera notre lettre _____ son tableau d'affichage.

e) Ce qui est _____, c'est que j'ai eu une bonne idée.

f) Ma lettre est publiée dans le journal que tu as pris _____ la table.

g) Mélanie n'est pas _____ d'avoir compris ton opinion.

h) Elles ont obtenu ces renseignements de source _____.

i) Simon tape _____ son clavier en utilisant un bon doigté.

j) Cette pomme _____, je l'ai prise _____ le comptoir.

☐ Trouve des mots de la même famille que le mot *lettre*, avec les radicaux **let**- et **lit**-. Enrichis ta liste en consultant un ou une partenaire. Ensemble, composez cinq phrases qui contiennent des mots de vos listes.

☐ Compose une phrase qui contient les mots et les éléments suivants :

a) souvent; tomber (passé composé de l'indicatif); sur

b) dans; rester (passé composé de l'indicatif); longtemps

c) sembler (présent de l'indicatif); adultes; plusieurs

ÉCRITURE (tâches ouvertes)

☐ Lis les journaux au cours des prochains jours. Choisis un événement de l'actualité qui t'intéresse particulièrement. Écris une lettre à l'éditeur du journal où tu commentes cet événement.

☐ Choisis un problème qui préoccupe les élèves de ton école. Prépare une affiche qui présente ce problème. Sur ton affiche, note la question : Qu'en penses-tu? Près de ton affiche, fixe une enveloppe et invite les élèves à y déposer leur opinion, pendant un certain temps. Fais la lecture des messages laissés dans ton enveloppe et prépare un texte qui résume les commentaires que tu as reçus. Remplace l'enveloppe par ton texte pour renseigner les élèves au sujet des opinions de tous.

COMMUNICATION ORALE (tâches ouvertes)

☐ Dresse une liste d'arguments en faveur et à l'encontre du système scolaire de douze mois par année. Tu devras défendre l'une ou l'autre de ces positions. Il est donc important de préparer des arguments appuyant les deux points de vue.

☐ Mène une enquête auprès d'enfants et d'adultes dans le but de déterminer leurs préférences en ce qui a trait au système scolaire. Fais un diagramme illustrant les résultats et présente-les au groupe-classe.

Fiche de planification du dossier d'écriture

Préparation à la rédaction d'une lettre ouverte

Je choisis le média auquel je destine ma lettre.	Adresse postale ou électronique pour envoyer la lettre

Je décris l'événement ou le sujet controversé.

Je note des faits.

Je note des arguments.

Je précise mon opinion.

Je note des mots clés et des expressions.

Fiche de planification du dossier d'écriture

Préparation à la rédaction d'une lettre ouverte

Titre accrocheur :		

M E S S A G E	Introduction. Je présente l'événement ou le problème ainsi que la position que j'adopte.
	Je présente les arguments qui soutiennent ma prise de position. J'élabore une idée par paragraphe.
	Conclusion. Je reprends mon argument le plus convaincant et je résume ma position par rapport au problème présenté.

Signature. Je dois signer mon texte, donner mon nom complet, mon adresse postale et mon numéro de téléphone, si je souhaite qu'on publie ma lettre dans un journal.

Mots et expressions utiles à la rédaction du message
je, personnellement,   à mon avis, il me semble que, j'approuve fortement, à cet égard,   c'est sûr, certain, clair, je suis persuadé, persuadée, convaincu, convaincue   je ne crois pas, cela m'étonnerait, si, il est préférable de, sans doute, il serait possible, en effet, toutefois   souhaitons que, le temps est venu de, etc.

Poudre d'astres
Pages 182 et 183

RAISONNEMENT — Questions à répondre à l'aide des idées du texte.

☐ Dans le poème *Frissons*, le poète écrit *Je t'aime sans direction*. Que veut dire cette expression, selon toi?

☐ Lis le poème *La danse des eaux*. Explique la raison pour laquelle, selon toi, l'auteur utilise les mots suivants : abandonné, agrippé, étourdir.

☐ Cherche les mots ci-dessous dans le dictionnaire. Note les mots clés de chaque définition. Utilise ces mots dans une phrase originale.
agrippé, laiteux, frisson, dompter, cajoler

☐ Plusieurs vers de ce poète évoquent des éléments de la nature. Prépare un tableau où tu notes le titre des poèmes dont les vers évoquent la nature et où tu transcris les mots ou les expressions qui la représentent.

☐ Choisis un de ces poèmes. Illustre les images qui y sont décrites.

COMMUNICATION — Questions à répondre à l'aide des idées du texte et des connaissances et expériences personnelles.

☐ Selon toi, est-ce possible d'aimer *sans direction*? Explique ta réponse.

☐ Dis ce que tu ressens après avoir lu le poème *Les étoiles*. Sers-toi de passages tirés du texte pour appuyer tes idées.

☐ Si tu trouvais une *clé dans la serrure de l'Aventure*, quelle sorte d'aventure aimerais-tu vivre? Explique ton choix.

☐ Lequel des cinq poèmes préfères-tu? Explique pourquoi.

ORGANISATION DES IDÉES — Questions pour montrer la compréhension de l'organisation du texte.

☐ Le rythme est un mouvement régulier et mesuré. Fais le compte du nombre de syllabes dans les vers de *La danse des eaux* et de *Un matin d'eau sombre*. Compare le rythme de ces deux poèmes et explique la différence.

☐ En poésie, on trouve souvent des expressions imagées. Parfois, l'image découle d'une comparaison ou d'une métaphore. Les mots qui évoquent ces images tentent de rendre concrets, en provoquant une représentation sensible, des éléments abstraits tels que la couleur, la forme ou le mouvement. Dans chaque poème, choisis un vers qui t'inspire une image et souligne les mots qui te suggèrent une image. Dis si ces images correspondent à une comparaison ou à une métaphore.

☐ L'allitération est la répétition d'une même consonne. Elle a pour effet de créer une musique, de donner un ton particulier à un poème. Avec un ou une partenaire, lis les strophes ci-dessous à voix haute et écoute l'effet des allitérations. Discute de tes impressions avec ton ou ta partenaire.

Allitération en «m»	Allitération en «s»
Au jardin des <u>m</u>ots Dans la <u>m</u>ain tendre d'un a<u>m</u>i Je <u>m</u>e dépose	En un <u>s</u>ouffle <u>s</u>oudain Dans l'e<u>s</u>pace poudré des a<u>s</u>tres Je di<u>s</u>parais

Dans quel autre poème retrouve-t-on des allitérations?

RESPECT DES CONVENTIONS LINGUISTIQUES — Questions pour montrer la compréhension des conventions linguistiques apprises.

☐ En laissant le hasard placer les mots, on peut créer des textes poétiques ou drôles. Le jeu ci-dessous se joue à trois. Chaque élève choisit une liste à compléter parmi celles ci-dessous. Ainsi, tous les membres de l'équipe écrivent, en secret, une partie du poème.

Élève 1	Élève 2	Élève 3
A) verbe à l'infinitif	B) déterminant + nom	C) nom (masculin singulier)
D) adjectif qualificatif (masculin singulier)	E) nom (masculin singulier)	F) verbe à l'infinitif
G) complément circonstanciel de lieu	H) verbe à l'infinitif	I) verbe à l'infinitif
J) verbe à l'infinitif	K) complément circonstanciel de lieu	L) nom commun
M) adjectif possessif (masculin pluriel)	N) nom (masculin pluriel)	O) adjectif qualificatif (masculin pluriel)

Lorsque tous les membres ont complété leur liste, vous écrivez, ensemble, les nouveaux vers en insérant les mots choisis et en suivant ce modèle. Vous serez alors en mesure de découvrir votre poème. Ensemble, faites les améliorations nécessaires, trouvez un titre à votre poème et faites part du résultat au groupe-classe.

Peut-on **A B**?
D'un **C D**
D'un **E**
Peut-on **F G**?
Pour **H**
Pour **I**
Viens **J K**
L de **M N O**

☐ Comment sait-on que l'auteur du poème *La danse des eaux* est de sexe masculin?

☐ L'adjectif s'accorde avec le nom auquel il se rapporte.
Indique le genre et le nombre de chaque groupe nominal ci-dessous.
Trouve trois adjectifs différents pouvant remplacer l'adjectif en italique.
Exemple : un sourire *laiteux* : (masc. sing.); un sourire étincelant, un sourire éclatant, un immense sourire.
une main *tendre*, un œil *franc*, un fleuve *rouge*, des paysages *montagneux*, des étoiles *brillantes*

☐ a) Dans le poème *Un matin d'eau sombre*, l'auteur écrit :
Je me regarde... je me dépose...
Quelle est la nature du mot *me* et quel mot remplace-t-il dans ces vers?

☐ b) Dans le poème *L'Aventure*, l'auteur écrit :
Laisse-moi chérir tes paysages
<u>les</u> cajoler comme une page
<u>les</u> admirer comme une clé
Dans la serrure de l'Aventure
Quelle est la nature du mot *les* et quel mot remplace-t-il dans ces vers?

ÉCRITURE (tâches ouvertes)

☐ Écris un tautogramme, soit une phrase dont tous les mots commencent par la même lettre.

☐ Fabrique une carte de souhaits à l'occasion d'un anniversaire ou une carte soulignant une fête populaire ou une carte de souhaits à l'intention de quelqu'un qui est malade. À l'intérieur, écris tes sentiments et tes bons vœux sous forme d'un poème de quatre vers.

☐ Participe à l'élaboration d'une murale de poésie. Sur un tableau couvert de papier, note les vers que tu préfères, tirés de poèmes de ton choix. Tu pourras lire les vers choisis par tous les élèves et découvrir de nouveaux poètes ainsi que de belles images.

☐ Relis le poème que tu préfères. Choisis une image que ce poème t'inspire. Crée une œuvre artistique illustrant cette image.

☐ Choisis une des structures de poème parmi celles ci-dessous. Imite cette structure dans le but de créer un nouveau poème.

Les étoiles	Frissons	L'Aventure
Les _____	_____	_____
Peut-on _____?	Je _____ sans _____	J'ai laissé _____
D'un _____	Du _____ aux _____	au _____
D'un _____	De _____	
	Mes plus _____	J'ai laissé _____
Peut-on _____?		au _____
Pour _____		
Pour _____		Laisse-moi _____
		les _____
Viens _____		les _____
_____		Dans _____

COMMUNICATION ORALE (tâches ouvertes)

☐ Parmi les mots ci-dessous, choisis-en quatre qui seront les derniers mots des vers d'un quatrain (une strophe de quatre vers). Invente ensuite les phrases où ces mots apparaîtront. Récite ta strophe et écoute celle de tes camarades.
papillon, passion, million, champion, grillon, évasion, illusion, hésitation

☐ Réfléchis aux images que t'inspire un de ces poèmes. Discutes-en avec un ou une partenaire et créez une œuvre artistique ensemble.

☐ Souvent, les chansons populaires sont écrites sous forme de poème. Trouve les paroles d'une chanson que tu aimes et récite cette chanson à la façon d'un poème. Change le rythme, la vitesse et l'intensité des paroles. Pour faciliter ta lecture à voix haute, marque les changements de ton de couleurs différentes.

Qui perd gagne
Pages 184 et 185

RAISONNEMENT — Questions à répondre à l'aide des idées du texte.

☐ Explique ce qui arrive :

a) sur la piste des concours;

b) au lendemain des grands concours.

☐ Dresse la liste des genres de compétitions mentionnés dans ce poème.

☐ On appelle **champ sémantique** l'ensemble des mots d'un texte appartenant à la même idée. Trouve les mots du poème qui se rapportent aux thèmes de la victoire ou de la défaite. Classe ces mots dans un tableau comme celui ci-dessous. Dans la colonne du milieu place les mots qui se rapportent aux deux thèmes.

Victoire		Défaite
gagner, médaillé, vainqueur	travailler, efforts, labeur	perdre, celui qu'on dépasse

☐ Cherche dans le dictionnaire les différents sens des mots ci-dessous. Sélectionne le sens que revêt chacun de ces mots dans le poème.
chaleur, adresse, classe

COMMUNICATION — Questions à répondre à l'aide des idées du texte et des connaissances et expériences personnelles.

☐ À ton avis, quelle est la leçon à tirer de ce poème?

☐ Dans un poème, on laisse parler notre cœur, nos sens et nos émotions. Selon toi, quelles sont les émotions que l'auteure a voulu exprimer?

☐ En équipe, relevez des exemples de gens qui ne sont pas arrivés en première place, mais qui méritent tout de même une certaine reconnaissance.

ORGANISATION DES IDÉES — Questions pour montrer la compréhension de l'organisation du texte.

☐ Prépare un lexique de termes se rapportant à la poésie où l'on trouvera, au moins, les mots suivants : strophe, syllabe, vers et rime. Trouve dans ce poème, des exemples d'éléments qui se rapportent aux mots de ton lexique.

☐ Fais le plan de la disposition des rimes dans ce poème. Attribue une lettre de l'alphabet à chaque nouvelle rime dans une strophe, en commençant par la lettre *a*. Le patron que tu découvriras est celui des rimes embrassées. Choisis ensuite quatre mots parmi ceux ci-dessous et utilise-les comme derniers mots dans des vers de façon à rédiger un quatrain (une strophe de quatre vers) renfermant des rimes embrassées.

victoire, mémoire, espoir, tiroir, pouvoir, cruel, cruelle, arc-en-ciel, chandelle, modèle, nouvel, nouvelle

☐ Prépare la lecture du poème. Exprime-toi clairement, tu permettras ainsi à ton auditoire d'entendre distinctement tous les mots que tu prononceras. Lis ce poème avec expression. Pour y arriver, note, sur le texte du poème, un code comme celui ci-dessous qui t'aidera à te guider :

++ hausse la voix	— baisse la voix	/ courte pause	// pause plus longue

☐ Trace le plan de ce poème dans un diagramme semblable à celui ci-dessous.

Qui perd gagne			
Idée principale des trois premières strophes	Idée principale des trois strophes suivantes	Idée principale des trois strophes suivantes	Idée principale des deux dernières strophes

☐ Comment l'illustration t'aide-t-elle à comprendre le poème?

☐ Présente, à l'aide d'un tableau, le nombre de syllabes par vers et le nombre de vers par strophe.

RESPECT DES CONVENTIONS LINGUISTIQUES — Questions pour montrer la compréhension des conventions linguistiques apprises.

☐ Écris les vers ci-dessous au féminin singulier.
Ils louangent avec emphase,
ils complimentent avec chaleur,
ceux qu'ils appellent les meilleurs,
les dieux du stade et du gymnase,
les fiers détenteurs de grands prix.

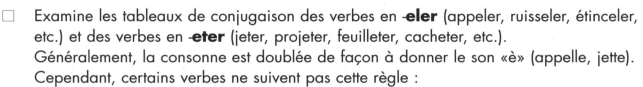

☐ Les mots ci-dessous sont tirés du poème. À l'aide d'un dictionnaire, trouve, à chacun d'eux, des synonymes et des antonymes.
espérer, sérieux, fiers, triomphe, accompli, labeur, héros, vrai, allégresse, ternir

☐ Examine les tableaux de conjugaison des verbes en **-eler** (appeler, ruisseler, étinceler, etc.) et des verbes en **-eter** (jeter, projeter, feuilleter, cacheter, etc.).
Généralement, la consonne est doublée de façon à donner le son «è» (appelle, jette).
Cependant, certains verbes ne suivent pas cette règle :
– verbes en **-eler** : geler, déceler, peler et modeler (-èle);
– verbes en **-eter** : acheter, haleter, crocheter (-ète) .

Conjugue les verbes du tableau ci-dessous aux personnes et aux temps indiqués.

	Présent de l'indicatif	Passé composé de l'indicatif	Imparfait de l'indicatif	Futur simple
Singulier (je, tu, il)	appeler	acheter	chanceler	projeter
Pluriel (nous, vous, elles)	épousseter	étinceler	rappeler	peler

ÉCRITURE (tâches ouvertes)

☐ Choisis un thème qui éveille en toi plusieurs émotions fortes. Note des mots et des expressions qui te semblent se rapporter à ce thème. Pour écrire un poème rythmé, inspire-toi de la mélodie et surtout du rythme d'une chanson que tu connais.

☐ Trouve des photos ou des articles de journaux qui parlent de bons gagnants et de bons perdants, dans toutes sortes de circonstances. En équipe, réalise une affiche dont le thème est «De vrais gagnants». Choisis des photos et des titres accrocheurs. Ajoute un slogan à l'affiche.

☐ Pour s'exprimer, les poètes ont recours à des **images**. Parfois, ces images sont des comparaisons ou des métaphores qui provoquent une représentation de la couleur, de la forme ou du mouvement dans notre imagination. Pour t'exercer à créer des images, remplis un tableau comme celui ci-dessous en notant des mots qui pourraient représenter les thèmes qui s'y trouvent.

Si...	la victoire	la défaite	la colère
était une saison...			
était une couleur...			
était une plante...			
était un animal...			
était un bruit...			
était un parfum...			
était un instrument...			
était un tissu...			
était un personnage ...			
était un mets...			

☐ Voici des mots qui riment avec le son **-oche**. Choisis-en quelques-uns et écris un court poème rimé.

cloche, caboche, sacoche, pioche, brioche, galoche, taloche, moche, poche, broche, croche, accroche, proche, approche, anicroche, roche

COMMUNICATION ORALE (tâches ouvertes)

☐ Avec l'aide du groupe-classe, participe à une discussion portant sur la façon de se comporter pour être bon gagnant et bon perdant.

☐ Parmi les mots ci-dessous, choisis-en quatre qui seront les derniers mots des vers d'un quatrain (une strophe de quatre vers) dont les rimes sont embrassées. Invente ensuite les vers où ces mots apparaîtront. Récite ta strophe et écoute celles de tes camarades.

affronte, honte, raconte, compte, monte, sud, étude, inquiétude, habitude, solitude, rude

☐ Choisis un poème. Lis ce même poème à voix haute, de différentes façons :

a) d'un ton triste et langoureux;

b) très rapidement;

c) avec une mauvaise articulation;

d) avec une voix aiguë, rauque ou nasillarde;

e) avec une voix forte et majestueuse.

En poésie, la sonorité est importante. Une **allitération** est la répétition d'une même consonne ou d'un même groupe de consonnes dans un vers, une strophe ou un poème. Une **assonance** est la répétition d'une même voyelle ou d'un même son vocalique. Avec un ou une partenaire, cherche des mots qui ont le même son et qui se rapportent au même thème. Amusez-vous ensuite à dire ces mots à haute voix.

Des mots qui crient «cr»	Des mots qui dansent «d»	Des mots qui chuchotent «ch»	Des mots qui s'apparentent à un trésor «or»

Verglas
Pages 186 et 187

RAISONNEMENT — Questions à répondre à l'aide des idées du texte.

☐ Nomme les espèces d'arbres mentionnées dans le poème.

☐ Note les mots du poème qui décrivent l'arrivée du verglas pendant la nuit.

☐ Michèle Matteau a écrit ce poème. Selon toi, pourquoi dit-elle que..

   a) les arbres sont humiliés?

   b) les saules ont une chevelure givrée?

   c) la verrière est éphémère?

☐ Note tous les mots du poème qui évoquent le froid.

☐ La métaphore ressemble à la comparaison, mais elle n'utilise pas de mots-outils tels comme, semblable à, etc. C'est la représentation d'une chose concrète par un élément abstrait qui lui ressemble. Choisis deux métaphores dans ce poème. Illustre-les et explique la métaphore de façon concrète.

Des tiges de lumière Enchâssent le petit pont de métal.	Illustration	Il y a des glaçons sur les rampes des deux côtés du pont.

☐ Avec un ou une partenaire, trouve le sens des mots ci-dessous, tirés du poème. Consulte un dictionnaire, au besoin.
démence, cynique, pylône, sortilège, gaminerie, cachot, frileux, enchâsser, bariolage, haie, corselet, hermine, azur, chape, éphémère

COMMUNICATION — Questions à répondre à l'aide des idées du texte et des connaissances et expériences personnelles.

☐ As-tu déjà été témoin d'une tempête de verglas? Quand? Quelles images du poème correspondent à ce que tu as vu à cette occasion?

☐ Imagine une tempête de verglas chez toi. Décris ce que tu peux voir par une des fenêtres de ta maison.

☐ Le verglas affecte le transport routier. Que conseille-t-on aux automobilistes dans ces circonstances?

ORGANISATION DES IDÉES — Questions pour montrer la compréhension de l'organisation du texte.

☐ Pour s'exprimer, les poètes ont recours à des **images**. Parfois, ces images sont des comparaisons ou des métaphores qui provoquent une représentation de la couleur, de la forme ou du mouvement dans notre imagination. Note quelques images de ce poème.

☐ Réécris les vers du poème où l'auteure décrit la nature en tant que prisonnière du verglas.

☐ Note, en style télégraphique, les idées principales de ce poème dans un diagramme comme celui ci-dessous.

Verglas		
Début	**Milieu**	**Fin**

CONVENTIONS LINGUISTIQUES — Questions pour montrer la compréhension des conventions linguistiques apprises.

☐ Examine cette liste de mots tirés du poème *Verglas* de Michèle Matteau. Classe les mots en catégories. Choisis un terme générique décrivant chacune des catégories. Ces termes devraient nous permettre de comprendre ta façon de classer les mots. Écris ces mots sans fautes.
saule, nuage, chapeau, pommier, désespoir, vent, pin, démence, chape, enchantement, soleil, cèdre, robe, corselet, neige, peuplier, effroi

☐ Observe bien le tableau des homophones ci-dessous :

la (article féminin singulier) Il détermine un groupe nominal féminin singulier. Exemple : *La* neige a fondu complètement	**là** (adverbe) Il a une valeur de lieu ou de temps. Exemple : Placez-vous *là*, dans cette rangée.	**l'a** (élision d'un pronom personnel complément suivi du verbe avoir à la troisième personne du singulier) Il est suivi d'un participe passé. Exemple : Il *l'a* invitée à souper.
la (pronom personnel féminin singulier) Il est suivi d'un verbe conjugué à un temps simple ou à l'infinitif. Exemple : Cette robe, je *la* porte très souvent.	**là** Il sert à former les pronoms démonstratifs composés : celui-là, celle-là, celles-là, ceux-là. Exemple : Je préfère ce livre-ci à celui-*là*.	**l'as** (élision d'un pronom personnel complément suivi du verbe avoir à la deuxième personne du singulier) Il est suivi d'un participe passé. Exemple : Tu *l'as* consolé lorsqu'il était triste.

Complète les phrases ci-dessous avec un de ces homophones.

a) _____ haie est prisonnière dans _____ glace.

b) Tu _____ vu _____-haut dans le ciel.

c) C'est _____ qu'a frappé _____ tempête.

d) Quand _____ neige tombe dans mon entrée, je _____ pellette rapidement.

e) C'est le verglas qui _____ abîmé celle-_____.

☐ L'adjectif s'accorde avec le nom auquel il se rapporte.
Indique le genre et le nombre de chaque groupe nominal.
Trouve trois adjectifs qui peuvent remplacer l'adjectif en italique.
Exemple : vent froid (masc. sing.) : un vent glacial, un vent violent, un vent léger.
des rayons *audacieux*, une chevelure *givrée*, un cachot *frileux*, une fée *ensorcelante*, un spectacle *merveilleux*

☐ Le participe passé employé avec l'auxiliaire être s'accorde en genre et en nombre avec le sujet auquel il se rapporte. Transcris les phrases ci-dessous en écrivant le participe passé des verbes entre parenthèses. Encercle l'auxiliaire être, souligne le sujet du verbe et vérifie l'accord du participe passé.

a) La grand-mère est (désespérer); elle observe la tempête les larmes aux yeux.

b) La glace est (tomber) du toit en gros morceaux.

c) La nature est (emprisonner) dans son manteau de glace.

d) Nous sommes (rester) à l'intérieur pendant une semaine à cause du verglas.

e) À la télévision, les images sont (choisir) de façon à mieux décrire les effets de la tempête.

ÉCRITURE (tâches ouvertes)

☐ Choisis un phénomène naturel (ouragan, éruption volcanique, etc.) et décris-le à l'aide d'adjectifs, de comparaisons et de métaphores. Avec un ou une partenaire, compose un poème inspiré de vos listes de mots.

☐ Il existe de nombreuses formes poétiques. Tu connais peut-être déjà la comptine, l'acrostiche et la fable. Tu peux consulter des recueils de poésie pour découvrir d'autres formes courantes. En voici quelques-unes :
Le *haïku* est un poème d'origine japonaise qui possède trois vers de cinq, sept et cinq syllabes respectivement.
Le *lai* est un petit poème, à vers courts, généralement de huit syllabes. Il contient des rimes plates, soit des rimes disposées selon le schéma a a b b.
Le *triolet* est un poème de huit vers, généralement des octosyllabes (vers de huit syllabes). Le premier, le quatrième et le septième vers sont les mêmes. Aussi, le second vers est repris au huitième vers.
Invente, à ton tour, une nouvelle forme poétique. Donne-lui un nom. Détermine la forme en imposant certains critères, tels le nombre de vers, le type de rime et le nombre de syllabes par vers. Invente un poème en respectant les critères que tu as établis.

□ Découvre des sites Internet qui traitent de la poésie. Dans ton fureteur, crée un dossier «poésie» et conserves-y les raccourcis ou note les bonnes adresses dans un carnet. Tu peux consulter les sites ci-dessous pour vérifier s'ils sont toujours actifs et s'ils te semblent utiles. Essaie d'ajouter des adresses à cette liste.

Dictionnaire de rimes en ligne http://www.barbery.net/rime/index.htm	Poésie française http://www.poesie.webnet.fr/
Je rêve d'être poète http://www.lescale.net/poesie/	Recueil de comptines, chansons et poésies, etc. http://www.momes.net/comptines/index.html

□ Fabrique des cartes de souhaits qui soulignent diverses occasions. Dans les cartes, écris de courts poèmes se rapportant à ces occasions.

□ En équipe, élabore un coffret à poèmes présentant un thème ou un auteur ou une auteure de votre choix.

□ Découpe des illustrations dans des magazines ou des journaux et crée un collage qui accompagnera ce poème.

□ Le verglas peut occasionner des pannes d'électricité. Élabore un plan qui aidera ta famille, si elle devait se débrouiller sans courant électrique pendant trois jours consécutifs.

COMMUNICATION ORALE (tâches ouvertes)

□ Trouve des articles de journal qui décrivent des désastres naturels. Fais part de tes articles à un ou à une partenaire. Lisez les articles et soulignez les mots descriptifs qui s'y trouvent.

□ Examine les illustrations qui accompagnent ce poème. Fabrique une maquette qui représente un caprice de la nature. Présente-la et décris-la au groupe-classe.

□ Les vols aériens sont touchés par les intempéries, en particulier par le verglas. En équipe, participe à la préparation et à la réalisation d'une recherche ou d'une expérience portant sur un des sujets suivants :
– Les effets du verglas sur un objet volant.
– Une technique de dégivrage des ailes d'avions.
– etc.
Présentez vos résultats au groupe-classe.

□ Compare la chanson populaire à la poésie. Choisis un auteur-compositeur ou une auteure-compositrice et relève, dans ses chansons, les éléments de poésie que tu y reconnais.

Fiche de planification du dossier d'écriture

Préécriture d'un poème

Je choisis un thème.	
J'écris des mots portant sur ce thème.	J'écris des expressions se rapportant à ce thème.

✓ J'écoute la mélodie et le rythme des mots et des sons.
✓ Je consulte un dictionnaire de rimes pour enrichir ma liste de mots.

Fiche de planification du dossier d'écriture

Préécriture d'un poème

Je choisis un thème.

Je pense à ce thème et je note des mots et des expressions.

Vue	Ouïe	Odorat	Toucher	Goût

Je note les sentiments et les émotions.

Je note des verbes.

Je trouve des comparaisons.
(…comme…)

Fiche de planification du dossier d'écriture

Préécriture d'un poème

Je choisis une forme poétique.		
Je note les caractéristiques de cette forme poétique.		
Forme (nombre de vers, nombre de strophes, etc.)	Rythme (nombre de syllabes, répétition, etc.)	Rimes (oui ou non, disposition, etc.)

Je choisis un thème.	
Je prépare une banque de mots.	Préécriture

Croyez-vous au chien?
Pages 188 à 190

RAISONNEMENT — Questions à répondre à l'aide des idées du texte.

☐ *Ce qu'elle peut être **enquiquinante**, cette enfant!*
Explique le sens du mot *enquiquinante* dans ce texte.

☐ Les compagnes de la petite puce pensent qu'elle raconte *des histoires de grands-mères*. Elles l'accusent d'*être vieux jeu*. Que signifient ces expressions?

☐ Trouve, dans le texte, une marche à suivre pour éliminer les puces.

☐ Trouve quelques mots de la même famille que les mots ci-dessous. Explique le sens de ces mots à l'aide des mots de la même famille que tu auras trouvés et du contexte du récit.
accusateur, immémorial, ancestral, trouble-fête, consternation, vengeance, mythe

☐ Illustre les locutions suivantes :
Elle pointe un index accusateur, un placard de la cuisine, le berger allemand, sous le perron.

☐ Lis attentivement la dernière page du récit et réponds aux questions suivantes :

a) Oméga aime-t-il se faire brosser? Explique ta réponse.

b) Explique ce qu'est un «tremblement de sol» dans ce récit.

c) Pourquoi la race de puces ne sera-t-elle pas anéantie, malgré la poudre contre les puces appliquée sur les poils d'Oméga?

COMMUNICATION — Questions à répondre à l'aide des idées du texte et des connaissances et expériences personnelles.

☐ Raconte ce que peut voir une puce sur le dos d'un chien.

☐ Comment est-ce possible que les puces ne sachent pas qu'elles vivent sur le dos d'un chien?

☐ À ton avis, à quoi servent les puces? Est-il possible que certaines espèces vivantes existent strictement pour nuire aux autres? Participe à une discussion à ce sujet avec ton équipe.

☐ Imagine que tu es une petite puce. Raconte ton plus beau voyage.

☐ Les animaux domestiques requièrent beaucoup de soins. Choisis un animal et décris les soins qu'il nécessite.

☐ Eddy doit s'occuper d'Oméga. Quelles sont tes responsabilités à la maison? Quelles tâches ménagères accomplis-tu de façon régulière?

ORGANISATION DES IDÉES — Questions pour montrer la compréhension de l'organisation du texte.

☐ Ce récit a une structure narrative. Résume en une ou deux phrases et **en tes propres mots** les éléments compris dans les parties suivantes : situation initiale, élément perturbateur, péripéties, dénouement.

☐ Quel est le titre de ce récit? Explique le choix des mots de ce titre.

☐ Lis attentivement le paragraphe qui commence par *La vie d'une puce est très courte.* À quoi sert ce paragraphe? Est-ce un paragraphe essentiel? Justifie ta réponse.

☐ Ça et là dans le récit, on a placé trois petites étoiles entre certains paragraphes. À quoi servent ces étoiles?
Pourquoi y a-t-il des tirets dans ce récit?

☐ Transcris les actions ci-dessous dans l'ordre où elles ont lieu dans le récit.
Oméga se fait couvrir de poudre aux puces.
La mère d'Eddy appelle son fils.
Une compagne de la petite puce déclare qu'elle vit sur le dos d'un chien.
Oméga se fait laver et brosser.
La mère d'Eddy lui demande de nettoyer le chien.
Les puces sont prises de panique, car elles savent qu'elles vont mourir.
La petite puce questionne son existence.

☐ Associe les actions ci-dessous aux divers personnages du récit.
Il aime se faire laver.
Il cherche une cuve d'eau froide.
Elle crie en s'apercevant qu'Oméga a des puces.
Elle ne sait plus qui ni quoi croire.
Il ordonne à sa fille d'aller jouer.

RESPECT DES CONVENTIONS LINGUISTIQUES — Questions pour montrer la compréhension des conventions linguistiques apprises.

☐ L'**adjectif attribut du sujet** est lié au sujet par un verbe d'état et il exprime une qualité ou une manière d'être. Il s'accorde en genre et en nombre avec le sujet auquel il se rapporte. Parmi les verbes d'état, les plus usuels sont : *être, sembler, paraître, devenir, rester* et *demeurer.*

Exemple : La vie d'une puce est très courte.				
Sujet	**Genre, nombre**	**Verbe d'état**	**Adjectif attribut**	**Genre, nombre**
vie	fém. sing.	est	courte	fém. sing.

Reproduis un tableau comme celui ci-dessus à l'aide duquel tu analyseras les phrases suivantes :

a) La nourriture est abondante.

b) Les puces deviennent nombreuses.

c) Les poils du chien sont bruns.

d) Les parents semblent inquiets.

e) La brosse paraît énorme.

☐ Examine la conjugaison des verbes en **-cer** (avancer) et en **-ger** (protéger).

Devant les voyelles **a** et **o**, le *c* prend une cédille de façon à donner le son du *c* doux (j'avan**ç**ais).

Devant les voyelles **a** et **o**, on ajoute un *e* après le *g* pour obtenir le son du *g* doux (je voya**ge**ais).

Prépare le tableau de conjugaison des verbes *rincer* et *voyager*.

Conjugue ces verbes au présent, à l'imparfait, au passé composé, au futur proche et au futur simple de l'indicatif, ainsi qu'au présent de l'impératif. Note aussi le participe passé ainsi que le participe présent.

☐ Note tous les mots et les expressions qui sont utilisés pour désigner le chien dans ce texte.

☐ Choisis des interjections parmi la liste ci-dessous pour compléter les paroles des personnages de l'histoire.

Malheur!	Allez!	Ma foi!	Quelle horreur!
Zut!	Pouah!	Pssit!	Vlan!

a) _____ viens Oméga, je dois te brosser.

b) _____ c'est la fin du monde!

c) _____ je ne trouve plus le chien!

d) _____ les œufs ne meurent jamais. La race va continuer.

e) _____ je veux te dévoiler un secret que m'a confié ma grand-mère.

f) _____ c'est quoi cette poudre blanche?

g) _____ ton chien a des puces!

☐ Surligne le complément circonstanciel dans chaque phrase et indique de quel type il s'agit (cause, opposition, but, prix, lieu, temps).

a) Il lave Oméga pour tuer les puces.

b) Le chien des voisins que tu gardes pour la journée a des puces.

c) Il trouve le berger allemand sous le perron.

d) Les puces meurent par la poudre.

e) Cette poudre coûte six dollars.

f) Malgré ses protestations, Eddy s'occupe d'Oméga.

☐ Transcris les phrases ci-dessous en écrivant les verbes, entre parenthèses, à l'imparfait de l'indicatif.

    a) Eddy (préparer) _____ le bain d'Oméga, tandis que ce dernier se (cacher) _____.

    b) La petite puce (questionner) _____ ses parents impatients.

    c) Les puces se (réunir)_____ afin de jouer et de manger.

    d) Eddy ne (savoir)_____ pas qu'il n'(avoir)_____ pas réussi à se débarrasser entièrement des puces.

    e) Les puces (craindre)_____ les tremblements de sol qu'elles (pouvoir)_____ subir à tout moment.

☐ Remplace les mots en italique par des pronoms personnels sujets (je, tu, il, elle, nous, vous, ils et elles) et des pronoms personnels compléments (me, le, la, se, nous, vous, les, lui, leur). Attention! Les pronoms personnels compléments peuvent changer de place dans la phrase!

    a) *La mère* appelle *Eddy* lorsque *la mère* s'aperçoit qu'Oméga a des puces.

    b) *Le chien* aime faire laver *lui-même*.

    c) *Mes amis et moi* soignons *les animaux*.

    d) *Toi et tes copains* entraînez *vous-mêmes* pour cette importante compétition.

    e) *Les puces* jouissent de leur vie simple.

☐ Transcris trois questions posées par la petite puce dans le texte. Récris-les en utilisant une construction interrogative différente.

    Exemple : *Que peut-on désirer de plus?*
    – Qu'est-ce qu'on peut désirer de plus?
    – Peut-on désirer quelque chose de plus?
    – Y a-t-il quelque chose de plus à désirer?

ÉCRITURE (tâches ouvertes)

☐ Réalise une bande dessinée qui raconte une aventure mettant en vedette des puces ou un chien.

☐ Choisis un objet ou un insecte. Donne-lui une personnalité et compose un poème à son sujet.

☐ Rédige un récit d'aventures au sujet d'un ou d'une jeune de ton âge à qui on a donné une responsabilité. Les péripéties seront les difficultés rencontrées par le ou la jeune, en raison de son manque d'expérience. Suis bien le plan du récit.

☐ En équipe, choisissez un insecte. Faites une recherche individuelle qui décrira un des processus vitaux de cet insecte : la croissance, la reproduction, le mouvement ou l'adaptation. Faites une mise en commun des résultats de vos recherches et présentez votre insecte sous tous les aspects étudiés sur une affiche commune.

☐ Écris un paragraphe où tu présentes Oméga ou un autre animal de ton choix.

COMMUNICATION ORALE (tâches ouvertes)

☐ Avec l'aide de ton groupe-classe, participe à la division du récit d'aventures en sections. En petits groupes, crée une vignette qui représente une de ces sections. Joins ta vignette à celles des autres équipes sur un tableau ou un mur afin d'obtenir une bande dessinée collective. Compare cette présentation de l'histoire à celle du récit d'aventures.

☐ En équipe, fais des ombres chinoises qui présentent le récit *Croyez-vous au chien?* Trouve une façon originale de faire la transition entre les diverses parties du texte. Prête ta voix à l'un des rôles : soit celui d'un personnage ou celui du narrateur ou de la narratrice.

☐ En équipe, inventez un dialogue humoristique qui pourrait avoir lieu entre des insectes et présentez-le au groupe-classe.

☐ Participe à un jeu d'improvisation dont les thèmes seront :
   – Être vieux jeu
   – Une histoire de grand-mère
   – Pas dans ma maison!
   – Quelle horreur!
   – Il n'y a pas de «mais».

☐ Avant d'utiliser la poudre contre les puces, Eddy lit attentivement les directives. Apporte un objet à l'école et explique son fonctionnement au groupe-classe.

☐ À l'aide du dictionnaire, trouve une expression figurée ou un proverbe qui contient le nom d'un animal. Illustre cette expression ou ce proverbe au sens propre de façon à créer une image humoristique. Explique cette expression ou ce proverbe au sens figuré à ton groupe-classe.

Fleurette
Pages 191 à 195

RAISONNEMENT — Questions à répondre à l'aide des idées du texte.

☐ Trouve, dans le texte à la page 191, des indices qui t'aideront à comprendre les mots suivants : centre d'hébergement, portée, lécher, zoothérapie. Note ces indices et la définition que tu proposes à chacun des mots.

☐ Avec un ou une partenaire, discute du sens des expressions et des mots ci-dessous, tirés de la page 192 : l'ambiance, l'animation, un chignon, quêter, vexée, la glace a été rompue. Fais part de tes stratégies qui t'ont permis de découvrir le sens des mots difficiles dans un texte.

☐ Note le sens des mots ci-dessous, tirés des pages 193 à 195 de ce texte. Définis chacun de ces mots en précisant laquelle de ces stratégies est la plus utile : petit mot dans le grand mot, mot de la même famille, recours au dictionnaire ou aux indices trouvés dans le texte. rez-de-chaussée, restreint, navigable, commode, enracinée, fugue, glacial, escapade, lilas

☐ Chaque article du sac remis à Adriana de la part de Fleurette avait une signification très particulière. Explique l'importance de chacun de ces articles.

☐ Que pense Adriana au sujet des gens âgés avant de rencontrer Fleurette? Que pensait Fleurette à ce même sujet lorsqu'elle était jeune?

☐ Lis attentivement la première page du récit et prépare une fiche descriptive des trois personnages suivants : Claude, Milou et Adriana.

☐ Crée un tableau avec des colonnes intitulées *Hier* et *Aujourd'hui* de façon à comparer l'environnement et la situation de Fleurette lorsqu'elle était plus jeune et lorsqu'elle rencontre Adriana.

☐ Où se trouvait le village de Mille Roches? Pourquoi le village de Mille Roches n'existe plus?

☐ Dans le texte, trouve les informations suivantes :
  a) Quelle est la différence d'âge entre Fleurette et Adriana?
  b) Quand Fleurette est-elle décédée?
  c) Quel indice nous indique que Fleurette savait qu'elle allait mourir bientôt?
  d) Pourquoi Fleurette donne-t-elle le petit chien en peluche à Adriana?

☐ *Tout cela a changé ce jour de juin lorsque j'ai accompagné Claude et Milou au centre d'hébergement situé près de chez moi, à Orléans.*
Explique ce qui a changé. Pourquoi cela a-t-il changé?

COMMUNICATION — Questions à répondre à l'aide des idées du texte et des connaissances et expériences personnelles.

☐ Que penses-tu des gens âgés? Comment ton opinion se compare-t-elle à celle d'Adriana?

☐ Selon toi, a-t-on eu raison de détruire des villages afin de construire la Voie maritime du Saint-Laurent? Explique ton point de vue.

☐ Penses-tu qu'un animal puisse apporter du réconfort et du bien-être aux personnes malades ou âgées? Explique ta réponse.

☐ Que peut faire Adriana lorsqu'elle s'ennuie de Fleurette? Donne-lui des conseils qui l'aideront à surmonter sa peine.

☐ Fleurette et Adriana étaient-elles amies? Est-ce possible d'avoir des amis qui n'ont pas le même âge que nous? Explique ta réponse.

☐ Si tu pouvais faire une activité spéciale avec une personne âgée, quelle serait cette activité? Avec qui la ferais-tu? Explique ton choix.

☐ Prépare des questions qui t'aideront à mener une entrevue auprès des élèves du jardin, au sujet des personnes âgées. Essaie de découvrir ce que les plus jeunes pensent de leurs aînés. Note les réponses que tu obtiens et discutes-en avec des aînés de ton entourage. As-tu de nouvelles idées et de nouvelles opinions à l'égard des personnes âgées à la suite de cet exercice?

☐ Fais le croquis des photos qu'auraient pu prendre Adriana et Fleurette lors de leur sortie au centre-ville. Raconte la sortie d'Adriana et de Fleurette à l'aide de ces photos.

ORGANISATION DES IDÉES — Questions pour montrer la compréhension de l'organisation du texte.

☐ Dans la mise en page de ce récit, explique à quoi servent les éléments suivants : les tirets, l'encadré à la fin du texte et les illustrations.

☐ Ce récit a une structure narrative. Résume en une ou deux phrases et **en tes propres mots** les éléments suivants : situation initiale, élément perturbateur, péripéties, dénouement.

☐ Les **passages descriptifs** sont des éléments importants d'un récit. L'auteure, Céline Forcier, les a utilisés à plusieurs reprises dans son texte. Relève un passage descriptif de ton choix et explique la façon dont il t'aide à mieux comprendre l'histoire.

☐ Selon toi, le dénouement de l'histoire est-il triste ou heureux? Explique ta réponse.

RESPECT DES CONVENTIONS LINGUISTIQUES — Questions pour montrer la compréhension des conventions linguistiques apprises.

☐ Voici un tableau des adjectifs possessifs. Remplis-le.

…	…	son
ma	…	sa
…	tes	…
notre	…	leur
…	vos	leurs

Écris les phrases ci-dessous et ajoute les adjectifs possessifs appropriés.

a) Claude a présenté ___ sœur à Fleurette.

b) ____ vieilles histoires ne m'intéressent pas.

c) ___ frère, ___ chien et moi avons transformé l'ambiance.

d) Fleurette s'est approchée de ___ chien et elle a flatté ___ oreilles.

e) Elle m'a donné une pierre qui venait de ___ village, de ___ maison, de ___ vie.

Compose trois nouvelles phrases qui contiennent des adjectifs possessifs.

☐ Les verbes *rester, naître, aller* et *tomber* se conjuguent avec l'auxiliaire être au passé composé. Écris ces quatre verbes, aux trois personnes du pluriel, au passé composé de l'indicatif. Attention à l'accord du participé passé. Compose une phrase avec chacun de ces verbes au passé composé de l'indicatif, à la personne de ton choix.

☐ Consulte le tableau de conjugaison d'un verbe du deuxième groupe (p. ex, verbe *finir*). Rédige des phrases qui contiennent les verbes suivants.

a) Salir, deuxième personne du pluriel, présent de l'indicatif.

b) Attendrir, troisième personne du singulier, imparfait de l'indicatif.

c) Maigrir, première personne du pluriel, passé composé de l'indicatif.

d) Vieillir, troisième personne du pluriel, futur simple de l'indicatif.

e) Guérir, première personne du singulier, futur proche de l'indicatif.

f) Envahir, deuxième personne du pluriel, présent de l'impératif.

☐ Ajoute un préfixe aux verbes suivants : dire, faire, prendre, venir et voir.
Compose une phrase avec ces cinq nouveaux verbes, conjugués à l'imparfait de l'indicatif, à la personne de ton choix.

☐ *Elle était mince et élégante. Elle avait de beaux cheveux blancs relevés en chignon, de magnifiques yeux bleus et un doux sourire aux lèvres.*
Souligne les adjectifs qualificatifs dans cette phrase et trace une ligne qui les relie aux noms auxquels ils se rapportent.

☐ Une proposition comprend les éléments habituels d'une phrase, soit un groupe sujet, un groupe verbe et un groupe complément (ou un attribut). Une phrase complexe peut comprendre plus d'un verbe, donc plus d'une proposition.

Lorsqu'une proposition commence par un pronom relatif ou une conjonction de subordination (qui, que, quand, lorsque, parce que, etc.) et qu'elle dépend d'une autre proposition et qui la complète, on dit que c'est une **proposition subordonnée**.

Aussi, je m'imaginais proposition principale (quoi?)	*qu'*elles ne sentaient pas très bon. proposition subordonnée complément d'objet direct du verbe «imaginais»

Tout cela a changé ce jour de juin proposition principale (quand?)	*lorsque* j'ai accompagné Claude et Milou au centre d'hébergement. proposition subordonnée complément circonstanciel de temps du verbe «a changé»

Présente les phrases ci-dessous dans des tableaux comme ceux ci-haut.

a) Je dois admettre que les personnes âgées m'avaient toujours fait un peu peur.

b) Je voulais qu'elle voit autre chose que ses murs roses.

c) Ce soir-là, j'étais triste quand j'ai quitté Fleurette.

ÉCRITURE (tâches ouvertes)

☐ Écris un récit d'aventures inspiré d'un événement de ta vie où tu as découvert une nouvelle facette de quelqu'un.

☐ Écris un poème au sujet d'une personne âgée que tu connais bien.

☐ Écris une lettre de remerciements à quelqu'un à la suite d'une activité que vous avez eu la chance de réaliser ensemble.

☐ Écris un article de journal expliquant ce qui est arrivé à Mille Roches.

☐ Relate la rencontre entre Adriana et Milou sous forme de bande dessinée.

☐ Écris une page du journal intime d'Adriana. Tu peux choisir le jour où elle a eu son chien ou le jour de sa première visite au centre d'hébergement.

COMMUNICATION ORALE (tâches ouvertes)

☐ Selon l'auteure, Céline Forcier, il est prouvé que les animaux apportent réconfort et bien-être aux personnes malades ou âgées. Participe à un mini-débat portant sur le thème de la zoothérapie. Ton équipe pourra être pour ou contre cette pratique. Cherche de bons arguments qui aideront ton équipe à défendre son point de vue.

☐ Renseigne-toi au sujet d'un établissement dans ton milieu qui offre des services aux personnes âgées. Présente les informations que tu auras recueillies à ton groupe-classe.

☐ Crée un gadget qui pourrait aider les gens âgés au quotidien. Prépare un croquis à l'échelle de ce gadget et présente au groupe-classe son fonctionnement, son utilité et son prix.

Les sous-vêtements de grand-maman
Pages 196 à 198

RAISONNEMENT — Questions à répondre à l'aide des idées du texte.

☐ Le personnage principal de ce récit est devant un dilemme quant à son choix de carrière. Explique son problème.

☐ Trouve une expression à la première page du récit qui veut dire : travaillent très fort, au fond de mon cœur, examine le paysage avec attention, personne qui fait très bien la cuisine, est devenue experte.

☐ Dans le texte, trouve les réponses aux questions suivantes :
  a) Quelle est l'activité dangereuse à laquelle s'adonne le garçon?
  b) Quel détail le garçon remarque-t-il sur la voie ferrée?
  c) Combien de temps a-t-il pour répondre au problème?
  d) Quels sont les solutions que le garçon contemple pour résoudre le problème?
  e) Comment le jeune garçon réussit-il à faire arrêter le train?
  f) Quelle récompense reçoit le héros?

☐ Plusieurs mots et expressions de ce texte ont un lien avec les courses et la vitesse. Dresse la liste de ces mots et ces expressions.

☐ Transcris les phrases où le jeune garçon fait allusion aux corridas.

COMMUNICATION — Questions à répondre à l'aide des idées du texte et des connaissances et expériences personnelles.

☐ Selon toi, durant quelle année se déroule cette histoire? Cherche des indices, dans le texte, qui justifient ton choix.

☐ Penses-tu que le garçon a eu raison de choisir les sous-vêtements rouges au lieu de la masse? Explique ta réponse.

☐ Si tu pouvais voyager comme Michel, où irais-tu en train? Pourquoi?

ORGANISATION DES IDÉES — Questions pour montrer la compréhension de l'organisation du texte.

☐ Ce récit a une structure narrative. Résume en une ou deux phrases et **en tes propres mots** les éléments dans les parties ci-dessous. Présente ces éléments à l'aide d'un tableau avec les entêtes suivantes : situation initiale, élément perturbateur, péripéties, dénouement.

☐ Le titre d'un texte doit éveiller la curiosité sans dévoiler toute l'histoire. Selon toi, le titre de ce récit est-il bien choisi? Quel autre titre peux-tu donner à ce texte?

☐ Une comparaison est une expression au sens figuré qui contient un mot-outil (comme, semblable à, etc.). Trouve quelques comparaisons dans le texte et explique la façon dont elles peuvent aider à mieux comprendre l'histoire.

☐ Au bas de la dernière page, il y a un paragraphe en italique. Fait-il partie de l'histoire? À quoi sert-il?

☐ Le jeune garçon vit toute une aventure. Note, en style télégraphique, les événements dans l'ordre chronologique.

RESPECT DES CONVENTIONS LINGUISTIQUES — Questions pour montrer la compréhension des conventions linguistiques apprises.

☐ Les noms et les adjectifs qui se terminent en **-al** changent **-al** en **-aux** au pluriel. Cependant, certains noms et adjectifs font exception à cette règle : aval, bal, cal, carnaval, cérémonial, chacal, choral, étal, festival, pal, récital, régal, val; banal, bancal, fatal, natal, naval.
Quelques noms qui se terminent en **-ail** changent, eux aussi, **-ail** en **-aux** au pluriel : bail, corail, émail, soupirail, travail et vitrail.
Écris les mots ci-dessous au pluriel :
travail, cheval, inégal, signal, national, vitrail, rail, corail, chandail, émail

☐ Rédige des phrases qui contiennent les verbes ci-dessous, portant sur le thème des voyages en train. Consulte un tableau de conjugaison, au besoin.
   a) Venir, troisième personne du pluriel, présent de l'indicatif.
   b) Prendre, deuxième personne du singulier, imparfait de l'indicatif.
   c) Connaître, première personne du pluriel, passé composé de l'indicatif.
   d) Vouloir, troisième personne du pluriel, futur simple de l'indicatif.
   e) Pouvoir, première personne du singulier, futur proche de l'indicatif.
   f) Aller, deuxième personne du pluriel, présent de l'impératif.

☐ Dans les phrases ci-dessous, examine la ponctuation et explique son rôle.
   a) *Hélas! Je ne rêvais pas, cette fois-ci.*
      point d'exclamation :
      virgule :
      point :

   b) «Jeune homme, tu viens de sauver la vie de 1000 personnes. Tu es un véritable héros!»
      guillemets :
      virgule :
      point :
      point d'exclamation :

   c) *Devant mes parents et une foule de concitoyens, il me remet une plaque commémorative portant l'inscription suivante :* «À un grand héros national».
      virgule :
      deux points :
      guillemets :
      point :

☐ Ajoute un ou des compléments circonstanciels de façon à préciser les circonstances de cause, de temps, de lieu, de manière, de but, de prix ou d'opposition dans les phrases ci-dessous. Le complément circonstanciel répond à une question du type *où? quand? comment? pourquoi? avec quoi? avec qui?* Il peut être placé à différents endroits dans la phrase.

a) Je longe la voie ferrée (compl. circ. de temps).

b) Le train doit amener les passagers (compl. circ. de lieu et compl. circ. de temps).

c) Je m'efforce de battre un record de vitesse (compl. circ. de manière et compl. circ. de but).

d) Mettez les freins d'urgence (compl. circ. de lieu et compl. circ. d'opposition).

e) Je reçois un chèque (compl. circ. de lieu et compl. circ. de temps).

☐ Les préfixes sont des petits mots, des parties de mots ou des lettres placées devant un mot et qui en modifient le sens.

a) Le préfixe **in-** ou **im-** devant un mot lui donne souvent un sens négatif ou privatif.
   Exemple : **in**égalable : qui ne peut être égalé.
   Dans le texte, on peut aussi trouver : interminables, inoubliable, impatience.
   Explique le sens de ces mots et trouves-en d'autres qui ont le même préfixe.

b) Choisis un autre préfixe courant. Découvre le sens de ce préfixe. Relève des exemples, dans le texte et ailleurs, de mots composés avec ce préfixe.

☐ Imite la structure des phrases ci-dessous en remplaçant les mots en italique.

a) *Le conducteur* va-t-il *m'apercevoir à temps?*

b) Je ne *rêvais* pas, cette fois-ci.

c) *Ouf!* Je me sens tout à coup comme *un ballon* qui se *dégonfle.*

d) Là, à *dix mètres* de moi, *une impressionnante locomotive* vient de *s'arrêter brusquement.*

e) C'est grâce à *son initiative* et à *sa grande débrouillardise* si, cet été, j'ai pu visiter *le Canada d'un océan à l'autre.*

ÉCRITURE (tâches ouvertes)

☐ Imagine une histoire fictive dont tu es l'héroïne ou le héros. Écris un récit qui raconte cette aventure et donne-lui un dénouement grandiose.

☐ Compare une héroïne ou un héros qui a vécu à une héroïne ou à un héros de bande dessinée ou de roman.

☐ Choisis un événement de l'actualité où quelqu'un fait preuve de bravoure et de débrouillardise. Écris un article de journal à ce sujet.

☐ Imagine la plaque commémorative «À un grand héros national» préparée à la suite de cet exploit et reproduis-la sur un carton.

132

COMMUNICATION ORALE (tâches ouvertes)

☐ En équipe, préparez une cérémonie pour rendre hommage à une héroïne ou à un héros de votre communauté. Présentez ses réalisations au groupe-classe et remettez-lui une plaque, un certificat ou une médaille.

☐ En équipe, discutez des qualités nécessaires pour devenir une héroïne ou un héros. Après votre discussion, faites part de vos découvertes au groupe-classe.

☐ Discute, avec les élèves du groupe-classe, des héroïnes ou des héros des jeunes d'aujourd'hui. Qui sont ces vedettes influençant les jeunes? Pourquoi ont-elles ce pouvoir? Comment obtient-on le statut d'héroïne ou de héros?

☐ Qu'arrive-t-il aux gens lorsqu'ils sont sous l'effet du stress? Comment notre corps réagit-il au stress? Raconte une aventure où quelqu'un réagit à une situation très stressante.

Fiche de planification du dossier d'écriture

Préparation à la rédaction d'un récit d'aventures

Mots, expressions pour le titre

	Temps	Lieu(x)
Éléments de la situation initiale		
	Personnages	Caractéristiques

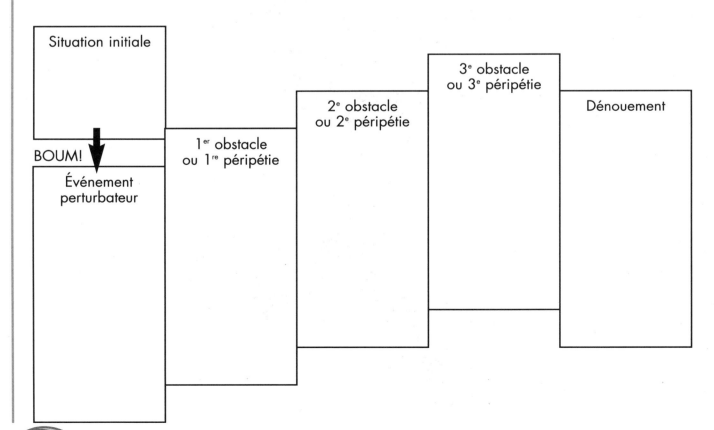

Situation initiale

BOUM!

Événement perturbateur

1ᵉʳ obstacle ou 1ʳᵉ péripétie

2ᵉ obstacle ou 2ᵉ péripétie

3ᵉ obstacle ou 3ᵉ péripétie

Dénouement

Grand-maman Solution
Pages 199 à 203

RAISONNEMENT — Questions à répondre à l'aide des idées du texte.

☐ Fais une caricature de la grand-maman en t'inspirant de la description qu'on en fait à la première page du texte.

☐ Dans le texte, trouve les informations suivantes :

a) Qui est Rose Blouin?

b) Quel âge a-t-elle?

c) Quelle est la devise de la grand-maman?

d) Quelle est sa spécialité?

☐ Construis une maquette ou trace un plan de la maisonnette de Rose, à l'aide des détails qui te sont fournis dans le texte.

☐ À la page 199, trouve des mots qui veulent dire : pareilles, mélange, embarras, légère, débrouillardise, slogan, réponses, problème, parfumée, surprises.

☐ Explique les expressions et les mots suivants, relevés à la page 200 du texte.
poser des «colles», prêter une oreille attentive, insomnie, une humeur exécrable, une vadrouille, un arôme de pot-pourri

☐ Transpose le problème du chiot Grisou, expliqué aux pages 200 et 201, dans un diagramme de cause à effet, semblable à celui ci-dessous.

Éléments du problème		Pistes de solution	
Cause (action)	**Effet (réaction)**	**Cause (action)**	**Effet (réaction)**
Le chiot s'ennuie de sa mère.	*Il pleure.*		
Le chiot pleure la nuit.			

☐ Transcris des expressions et des phrases qui prouvent que M. Gaudreau fait confiance à la grand-maman.

☐ Choisis cinq mots ou expressions à la page 202 et explique le sens de chacun d'eux.

☐ Prépare un croquis de l'invention de la grand-maman, servant à ramasser les besoins du chien des jumelles.

☐ On appelle **champ sémantique** l'ensemble des mots d'un texte appartenant à une même idée. Transcris tous les mots du texte qui se rapportent au thème de la résolution de problèmes.

COMMUNICATION — Questions à répondre à l'aide des idées du texte et des connaissances et expériences personnelles.

☐ *Les jumelles ont décidé de jouer un tour à leur grand-mère et de lui poser des «colles».* Qu'est-ce que les jumelles veulent réussir? Donne des exemples de ce genre d'action, tirés de tes expériences personnelles.

☐ Les progrès sur le plan technologique et dans le domaine médical ne cessent de nous impressionner. Selon toi, les «vieux trucs» de nos ancêtres sont-ils encore efficaces de nos jours? Pourquoi?

☐ Avec un ou une partenaire, prépare un reportage, qui sera présenté pendant un bulletin télévisé, rendant compte du discours électoral du maire. Prévoyez inclure, dans le reportage, une entrevue avec le maire ou avec la grand-maman.

ORGANISATION DES IDÉES — Questions pour montrer la compréhension de l'organisation du texte.

☐ Lis attentivement les deux premiers paragraphes. Présente les éléments principaux de la situation initiale qui s'y trouvent, sous forme de tableau.

☐ Comment peut-on reconnaître les dialogues dans le texte? Comment sait-on qui parle? Explique ta réponse à l'aide d'exemples.

☐ Le titre d'un texte doit éveiller la curiosité sans dévoiler toute l'histoire. Selon toi, le titre de ce récit est-il bien choisi? Quel autre titre peux-tu suggérer pour ce texte?

☐ Au bas de la dernière page du texte, il y a une phrase en italique. Fait-elle partie de l'histoire? À quoi sert-elle?

☐ Quelle est la durée de l'histoire relatée dans ce texte?

RESPECT DES CONVENTIONS LINGUISTIQUES — Questions pour montrer la compréhension des conventions linguistiques apprises.

☐ Rédige un dialogue inspiré de celui ci-dessous en remplaçant les mots en italique. Fais attention à la ponctuation.
   – Je pense qu'il *pleure parce qu'il s'ennuie de sa mère*, explique Josianne.
   – Et quand il *tonne*, c'est encore pire : il *hurle* et on ne sait pas trop quoi faire, ajoute l'autre jumelle.
   – Pourquoi est-ce que vous ne le *laissez* pas *coucher au pied de votre lit*? répond *spontanément Grand-maman Solution*.

☐ Examine les dialogues dans ce texte et note tous les verbes qui indiquent que quelqu'un parle. Écris-les à l'infinitif.
   Exemple : dire, répondre.

☐ Rédige des phrases qui contiennent les verbes ci-dessous. Consulte un tableau de conjugaison, au besoin.

    a) Dire, deuxième personne du pluriel, présent de l'indicatif.

    b) Vouloir, troisième personne du singulier, imparfait de l'indicatif.

    c) Avoir, première personne du pluriel, passé composé de l'indicatif.

    d) Lire, troisième personne du pluriel, futur simple de l'indicatif.

    e) Aller, première personne du singulier, futur proche de l'indicatif.

    f) Revoir, deuxième personne du pluriel, présent de l'impératif.

☐ Prépare un tableau de conjugaison des verbes en **-indre**. Dans ce tableau :

    a) conjugue le verbe peindre au présent de l'indicatif;

    b) conjugue le verbe joindre au passé composé de l'indicatif;

    c) conjugue le verbe craindre à l'imparfait de l'indicatif;

    d) conjugue le verbe teindre au futur proche;

    e) conjugue le verbe rejoindre au futur simple;

    f) note le participe présent et le participe passé du verbe atteindre.

☐ *Grand-maman Blouin sait plusieurs choses. Elle peut presque faire des miracles.* Écris les trois verbes irréguliers dans ces deux phrases à l'infinitif. Conjugue le premier au présent et à l'imparfait de l'indicatif; le deuxième au passé composé de l'indicatif et au présent de l'impératif; le troisième au futur proche et au futur simple de l'indicatif. Note le participe présent de chacun d'eux.

☐ Avec un ou une partenaire, discute des sens propre et figuré des expressions suivantes :

    a) …pour tout l'or du monde. (p. 199, 2ᵉ paragr.)

    b) …alimente sa maisonnette en électricité par un joli moulin qui <u>ronronne jour et nuit</u>. (p. 199, 5ᵉ paragr.)

    c) …ce n'est pas bon pour la santé de <u>dormir avec une vadrouille</u>. (p. 200)

Ensemble, trouvez deux autres expressions au sens figuré dans le texte.

☐ Les expressions et les mots de relation permettent de faire des transitions dans un texte. Classe d'abord les expressions et les mots ci-dessous dans ce tableau. Relève ensuite d'autres expressions et mots de relation dans le texte.

jamais, en effet, chaque fois, pendant ce temps, à vrai dire, lors de, toujours, pendant, à l'heure actuelle, c'est-à-dire, tandis que, habituellement, à tout instant, en quelque sorte, puisque, d'ailleurs, à mon avis, heureusement, de temps en temps, quelquefois, fréquemment

Fournit une explication	Marque la simultanéité	Précise la fréquence

☐ Compose des phrases à la forme négative qui commencent avec les pronoms indéfinis suivants : personne, nul, rien. N'oublie pas d'inclure la particule négative «ne».

ÉCRITURE (tâches ouvertes)

☐ Choisis une situation farfelue que tu as déjà vécue. Écris un texte humoristique qui nous la raconte. Tu peux exagérer certains faits ou même inventer ta situation.

☐ Invente une devise personnelle qui te convient. Note-la sur une affiche que tu colleras devant ton pupitre.

☐ Choisis un problème. Présente-le ainsi que ses solutions, sous forme de bande dessinée.

☐ Crée un dépliant publicitaire qui fait connaître l'invention de la grand-mère dont la fonction est de ramasser les besoins des chiens. Tu peux aussi opter pour faire connaître ta propre invention. Donne un nom et un prix à cette invention et présentes-en une description détaillée dans le dépliant.

COMMUNICATION ORALE (tâches ouvertes)

☐ Présente un texte humoristique au groupe-classe en incarnant un des personnages.

☐ Informe-toi au sujet d'un «vieux truc de grand-mère». Présente-le à ton groupe-classe en jouant le rôle d'une grand-mère ou d'un grand-père qui parle à ses petits-enfants.

La malchance frappe Malchansseu
Pages 204 à 207

RAISONNEMENT — Questions à répondre à l'aide des idées du texte.

☐ Lédon obtient un uniforme, un guide de l'employé et une carte d'identité. À l'aide de l'information du texte, prépare sa carte d'identité. Elle doit contenir l'information suivante : nom de l'employé, titre, nom de la compagnie et le slogan de la compagnie.

☐ Comment se sent Lédon à l'égard de son nouvel emploi? Pourquoi?

☐ Explique le sens de cette phrase, tirée du début du texte.
Les livraisons connaissent un essor fulgurant grâce à Lédon!

☐ a) Comment Lédon se sent-il en arrivant au travail? Trouve, dans le texte, des mots qui appuient ta réponse.

b) Lorsque Lédon arrive au travail, la porte est verrouillée. Que pense-t-il? Quelles conclusions tire-t-il? Quelle est la vraie situation?

☐ Lorsque Lédon se prépare à aller au travail, quelles difficultés rencontre-t-il?

☐ Fais la caricature des trois personnages dont les noms sont dévoilés dans l'histoire. Sous chacune des caricatures, note le nom du personnage, un de ses traits de caractère et, en couleur, transcris des mots du texte qui suggèrent ce trait de caractère.

☐ Un mot peut avoir plus d'un sens, selon le contexte dans lequel il est utilisé. Trouve les mots ci-dessous à deux endroits dans le texte. Transcris les phrases où ils se trouvent et explique le sens du mot dans chacune de ces phrases : p. 204, compagnie; p. 206 et 207, coup; p. 204 et 206, profond, profonde.

☐ Une onomatopée est un mot dont la graphie imite un bruit ou un son. Quel mot du texte imite :

a) la sonnerie du téléphone?

b) une communication téléphonique rompue?

COMMUNICATION — Questions à répondre à l'aide des idées du texte et des connaissances et expériences personnelles.

☐ *Est-ce que j'ai engagé la bonne personne pour ma compagnie?*
Ce sont les paroles du patron de Lédon. Selon toi, quelles qualités recherche-t-il chez son personnel? À ton avis, Lédon sera-t-il à la hauteur des attentes de son patron?

☐ À quelle heure Lédon doit-il se réveiller s'il veut se rendre au travail à temps? Comment cela se compare-t-il à l'horaire du lever de ta famille? Pour toi, est-ce facile ou difficile de te lever très tôt le matin? Selon toi, quelles seraient les heures idéales du coucher et du lever la semaine et la fin de semaine? Pourquoi?

☐ Crois-tu que cette histoire pourrait être véritable? Explique ta réponse.

☐ *Les livreurs de Zip Zap, toujours à l'heure!*
Lédon s'inquiète en lisant le slogan de la compagnie. Pourquoi?

☐ Avec un ou une partenaire, imagine la rencontre entre Lédon et son patron le lendemain au travail.

☐ Lédon veut se venger de sa sœur Joséphine. Quel tour peut-il lui jouer?

☐ Explique l'humour dans cette phrase : *Lédon achète la compagnie de livraison, la chance sourit à Malchansseu*!

ORGANISATION DES IDÉES — Questions pour montrer la compréhension de l'organisation du texte.

☐ Relis le premier paragraphe de ce texte. Quelles informations importantes sont présentées dans ce paragraphe?

☐ Commente le choix des noms des personnages de cette histoire.

☐ Pourquoi le slogan de la compagnie est-il écrit en majuscules dans le texte?

☐ Résume le texte humoristique que tu viens de lire, en cinq phrases, de façon à pouvoir le résumer rapidement à un ou une camarade.

☐ On peut utiliser différentes techniques pour rendre un texte humoristique. Dans ce texte, trouve un exemple des techniques suivantes :
   a) le comique de situation, des bêtises et des gaffes;
   b) le grossissement d'un trait, l'exagération, la caricature;
   c) l'effet de surprise;
   d) le jeu avec les mots.

CONVENTIONS LINGUISTIQUES — Questions pour montrer la compréhension des conventions linguistiques apprises.

☐ Imite la structure des phrases ci-dessous en remplaçant les mots en italique.
   a) «*Lédon*, il est *6 h 45*! *Debout*! *Vite*!» crie sa sœur *Joséphine*.
   b) «Je dois *me dépêcher*, je dois *arriver à temps*!» déclare *Lédon*.
   c) «*Au cinéma*! À *8 h 10 du matin*! Que faites-vous là, *patron*?» questionne *Lédon*.
   d) «Il ne me reste plus qu'à *aller me coucher*, *dormir* et *m'expliquer demain matin*» songe *Lédon*.
   Explique à quoi servent les guillemets dans ces phrases.

☐ Dans les phrases ci-dessous, remplace le participe passé par un autre participe passé. Fais attention aux accords. Le participe passé conjugué avec l'auxiliaire être s'accorde en genre et en nombre avec le sujet auquel il se rapporte.
   a) Il est *découragé*.
   b) Ses rôties sont *calcinées*.
   c) Les employés sont *installés* dans leurs voitures.

☐ Écris les phrases ci-dessous en faisant les élisions nécessaires.

a) *Si il* se dépêche, il sera à *la heure*.

b) *Lorsque elle* lui a joué un tour, Joséphine *le a* raconté à toutes ses amies.

c) *Je arrive* dès que je *me habille*!

d) Il *ne y* a pas de raison *que on* soit en retard au travail aujourd'hui.

e) *De habitude*, Lédon est un jeune homme responsable et bien organisé.

☐ Réécris le deuxième paragraphe de ce texte. Indique les différentes sortes de compléments du verbe ainsi que les attributs du sujet à l'aide de surligneurs de différentes couleurs.

☐ Une proposition comprend les éléments habituels d'une phrase, soit un groupe-sujet, un groupe-verbe et un groupe-complément (ou un groupe-attribut). Une phrase complexe peut comprendre plus d'un verbe, donc plus d'une proposition. Lorsqu'une proposition commence par un pronom relatif (qui, que, quoi, dont, où, lequel) ou une conjonction de subordination (que, quand, lorsque, afin que, parce que, etc.) et qu'elle dépend d'une autre proposition, on dit que c'est une **proposition subordonnée**.

Il prend une douche froide	*parce qu'*il n'y a plus d'eau chaude.
proposition principale (pourquoi?)	proposition subordonnée complément circonstanciel de cause du verbe «imaginais»

Lorsqu'on se réveille d'une sieste,	**on est toujours un peu confus**.
proposition subordonnée complément circonstanciel de temps du verbe «est»	proposition principale (quand?)

Présente les phrases ci-dessous dans un tableau comme ceux ci-dessous.

a) Ce slogan ne s'applique guère à Lédon puisqu'il est déjà en retard.

b) Elle a déclaré qu'il était 6 h 45.

c) Lorsqu'elle a réveillé Lédon en sursaut, Joséphine lui a joué un tour.

ÉCRITURE (tâches ouvertes)

☐ Rédige, individuellement ou en équipe de deux, un texte humoristique qui présente une nouvelle journée malchanceuse, mais humoristique, de Lédon Malchansseu.

☐ Rédige, individuellement ou en équipe de deux, la suite de ce texte, soit la confrontation entre Lédon et sa sœur ou entre Lédon et son nouveau patron.

☐ Écris une lettre de demande de renseignements à la compagnie de livraison où travaille Lédon. Essaie d'obtenir des informations pour préparer l'envoi d'un colis spécial.

☐ Écris un texte humoristique en transformant certains éléments d'un conte que tu connais bien. Par exemple : Le petit chaperon vert, Le loup maltraité par les trois petits cochons, Le vilain petit rat.

☐ Dans son rêve, Lédon imagine des articles de journaux qui vantent ses succès. Choisis un des titres mentionnés et écris l'article qui pourrait y être associé.

COMMUNICATION ORALE (tâches ouvertes)

☐ Quinze heures de sommeil, c'est un peu exagéré! Renseigne-toi sur le nombre d'heures de sommeil prescrit aux jeunes de ton âge. Dors-tu suffisamment? Participe à une discussion à ce sujet.

☐ L'auteur ne dévoile pas la fin de l'histoire. En équipe, participe à la rédaction de la suite de cette histoire et à sa présentation, sous forme de saynète.

☐ Imagine que tu es Lédon et que tu te présentes au bureau du patron lundi matin. Prépare une explication qui justifie ton appel bizarre de la veille.

☐ Compose le nouveau slogan de la compagnie de livraison. Utilise ce slogan dans une annonce publicitaire radiophonique et enregistre-la sur cassette audio.

☐ Travaille avec un ou une élève de 3e année et explique-lui la différence entre l'affichage de l'heure sur une période de 12 heures et l'affichage sur une période de 24 heures.

Treize ans aujourd'hui
Pages 208 à 210

RAISONNEMENT — Questions à répondre à l'aide des idées du texte.

☐ Au centre d'une feuille, note le nom du personnage principal de cette histoire. À ce nom, relie quatre adjectifs qualificatifs qui le décrivent bien. Relie chacun des adjectifs, à une phrase du texte qui appuie ce trait de caractère.

☐ Définis les mots ci-dessous, tirés du texte. Compare tes définitions à celles d'un ou d'une partenaire et discute des stratégies utilisées pour les trouver.
Page 208 : étrenner, allure, dépité, incident, humiliant, troquer.
Page 209 : ravie, transaction, somme.

☐ Dans chacun des mots ci-dessous, trouve un plus petit mot qui permet de trouver le sens du mot.
genouillères, ensanglanté, enjambée, insupportable, acquisition

☐ Dans les deux derniers paragraphes de l'histoire, trouve un synonyme à chacun des mots suivants : nerveux, gars, récupérer, quête, pronostic.

☐ Dans le texte, trouve les informations suivantes :
a) Quels sont les cadeaux qu'Étienne a reçus à l'occasion de son anniversaire?
b) Pourquoi Étienne décide-t-il d'échanger ses patins? Qu'obtient-il en échange?
c) Pourquoi Étienne fait-il un deuxième échange? Avec qui fait-il cet échange?
d) Quelle est la réaction des parents d'Étienne à son retour à la maison?
e) Comment Étienne réussit-il à récupérer ses patins à roues alignées?

COMMUNICATION — Questions à répondre à l'aide des idées du texte et des connaissances et expériences personnelles.

☐ *Son père lui rappelle les règles de sécurité et de prudence.*
Dresse la liste de ces règles. Laquelle de ces règles Étienne ne suit-t-il pas?
Imite un parent qui, à la façon du père d'Étienne, fait *un discours interminable au sujet des précautions à prendre* dans cette situation.

☐ Selon toi, Martin devrait-il accepter le billet de cent dollars et la bicyclette en échange des patins? Explique ton point de vue à un petit groupe. Écoute le point de vue des autres. Après la discussion, réponds à cette question, par écrit, en expliquant les raisons qui appuient ton point de vue.

☐ Que penses-tu des cadeaux d'anniversaire d'Étienne? Que penses-tu de son comportement le jour de son anniversaire?

☐ Étienne craint que ses treize ans lui apportent de la malchance. Transmets-lui un court message où tu lui expliques ce que tu penses de cette crainte.

☐ Consulte l'annuaire téléphonique de ta région et trouve les informations suivantes :

a) Étienne doit aller à la clinique médicale pour faire soigner ses blessures, quelle est l'adresse de la clinique la plus près de chez toi?

b) Étienne choisit d'économiser son argent, quelle est l'adresse de la caisse populaire ou de la banque la plus près de chez toi?

c) Étienne veut acheter des genouillères, quelle est l'adresse du magasin d'équipement sportif le plus près de chez toi?

d) Invente une question dont la réponse se trouve dans l'annuaire téléphonique et soumets-la à ton groupe-classe.

ORGANISATION DES IDÉES — Questions pour montrer la compréhension de l'organisation du texte.

☐ Trace un cercle de la taille d'un disque compact sur un morceau de papier. Divise ce cercle en six parties égales. Dans chacune des pointes, résume un élément important de l'histoire (situation initiale, élément déclencheur, péripéties, dénouement). Crée une pochette originale, soit une enveloppe de papier décorée, se rapportant à l'histoire d'Étienne, et insères-y ton «disque résumé».

☐ Plusieurs événements se produisent le jour de l'anniversaire d'Étienne. Note, en style télégraphique, les événements de cette première journée dans l'ordre chronologique.

☐ Note tous les problèmes physiques qu'éprouve Étienne au cours de la journée.

☐ Le dénouement d'une histoire marque la fin de l'intrigue principale. Cela peut être un échec ou un succès. Décris, explique et illustre le dénouement de ce texte.

CONVENTIONS LINGUISTIQUES — Questions pour montrer la compréhension des conventions linguistiques apprises.

☐ Tu participes à la fête surprise d'Étienne. Note au moins cinq questions que tu pourrais lui poser au sujet de sa journée. Soigne la construction de tes phrases interrogatives et utilise le trait d'union, au besoin. Par exemple : Veux-tu faire une randonnée en patins à roues alignées avec moi cette semaine?

☐ La virgule peut servir à isoler un complément circonstanciel placé en début de phrase. Dans le texte, trouve des phrases qui contiennent des inversions de ce genre. À l'aide du traitement de texte, transcris ces phrases. Écris le complément circonstanciel en italique et la virgule en caractères gras. À la ligne suivante, entre parenthèses, note la question à poser après le verbe et la sorte de complément circonstanciel.

Exemple : *Arrivé à la maison*, Étienne rencontre ses parents inquiets.

(où? complément circonstanciel de lieu)

☐ Observe bien le tableau des homophones ci-dessous :

c'est	s'est	ces	ses	sais, sait
Pronom démonstratif élidé (ce → c') devant le verbe être – suivi d'un pronom, d'un nom ou d'un adjectif	Pronom personnel réfléchi élidé (se → s') suivi de l'auxiliaire être – suivi d'un verbe	Déterminant démonstratif – *ce*, *cette* au pluriel	Déterminant possessif – *son*, sa au pluriel	Verbe savoir – je, tu sais – il, elle, on sait

Ajoute l'homophone [se] qui convient aux phrases suivantes :

a) Étienne retrouve _____ patins à roues alignées.

b) _____ parents sont inquiets et le jeune homme le _____

c) _____ une bonne idée que de porter un casque protecteur.

d) Tous _____ cadeaux sont pour Étienne.

e) Étienne doit revenir tôt car _____ sa fête et on l'attend pour le souper.

f) _____ à cause de l'écureuil qu'il _____ égratigné les jambes.

g) _____ souvent de notre faute lorsqu'on se blesse.

h) Il n'a plus l'argent qu'il a reçu de _____ grands-parents.

i) _____ personnes vous diront que _____ la faute d'Étienne.

j) _____ patins ne sont pas à Étienne mais _____ espadrilles sont à Martin.

ÉCRITURE (tâches ouvertes)

☐ *Étienne pense au cadeau de cent dollars que ses grands-parents lui ont offert. Finalement,* … Écris une nouvelle fin à ce texte.

☐ Imagine et écris un texte humoristique. Dans ton texte, présente des éléments, tels des jeux avec les mots, des situations cocasses et un dénouement inattendu.

COMMUNICATION ORALE (tâches ouvertes)

☐ En équipe de deux, préparez et jouez une saynète inspirée d'une partie de ce texte.

☐ Dans ce texte, le père d'Étienne lui rappelle les règles de sécurité et de prudence à suivre en patins à roues alignées. À ton tour, explique au groupe-classe, les règles de sécurité se rapportant à un sport ou à une activité de ton choix.

☐ Pige trois objets d'une boîte remplie de toutes sortes de choses, par exemple, une vieille brosse à dents, une bougie, une bobine de fil ou même une petite cuillère. Tu as quelques minutes pour imaginer une histoire farfelue où ces objets jouent un rôle. À ton tour, raconte ton histoire.

Fiche de planification du dossier d'écriture

Préparation à la rédaction d'un texte humoristique

Mots, expressions pour le titre

	Temps	Lieu(x)
Éléments de la situation initiale		
	Personnages	Caractéristiques

Techniques pour rendre un texte humoristique	Idées
☐ comique de situation ☐ bêtise, gaffe ☐ grossissement d'un trait ☐ exagération ☐ caricature ☐ effet de surprise ☐ jeu avec les mots	

Fiche de planification du dossier d'écriture

Préparation à la rédaction d'un texte humoristique

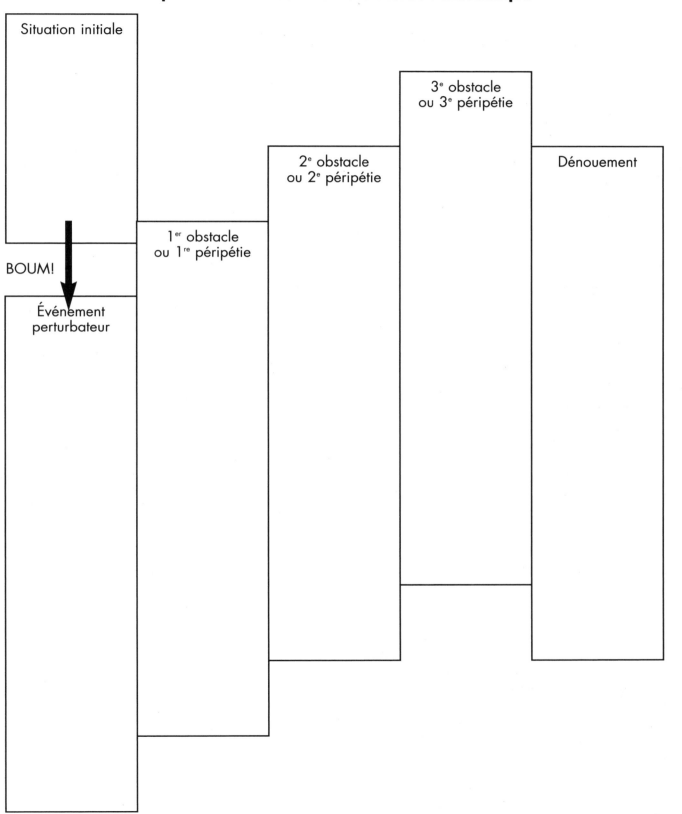

Remue-méninges pour imaginer un texte humoristique

Je note le thème de mon texte humoristique :

Je pense à ce thème et je note des mots et des expressions comiques :

Vue	Ouïe	Odorat	Toucher	Goût

J'invente des jeux avec les mots à l'aide desquels je trouve les noms des personnages, des lieux ou des objets.

Je trouve des comparaisons exagérées.
(…comme…)

J'imagine des péripéties cocasses et un dénouement imprévisible.

Romans jeunesse

RAISONNEMENT — Questions à répondre à l'aide des idées du texte.

☐ Dans ton journal de lecture, note le titre du roman, le nom de l'auteur ou de l'auteure, le nom de la collection et de la maison d'édition ainsi que tes impressions.

☐ Avec un ou une partenaire, comparez vos romans. Discutez et notez les ressemblances et les différences quant au type de roman, aux lieux, aux personnages et à l'événement perturbateur. Préparez un compte rendu de votre comparaison.

☐ Présente un reportage au sujet d'un personnage ou d'un événement du roman. Termine ton reportage avec cette formule : Ici (ton nom), en direct de (titre du livre).

☐ Note trois expressions intéressantes ou des proverbes tirés du roman et expliques-en le sens.

☐ Choisis une des péripéties du roman et présente-la sous forme de bande dessinée.

COMMUNICATION — Questions à répondre à l'aide des idées du texte et des connaissances et expériences personnelles.

☐ Quel personnage du roman te ressemble le plus? le moins? Justifie ta réponse à l'aide du texte.

☐ Quel personnage de roman aimerais-tu avoir comme camarade de classe ou comme enseignant ou enseignante? Explique la façon dont sa présence influencerait le déroulement d'une journée typique.

ORGANISATION DES IDÉES — Questions pour montrer la compréhension de l'organisation du texte.

☐ Fabrique un album illustré qui s'adresse aux enfants, racontant l'histoire que tu viens de lire.

☐ Prépare un organigramme qui présente les personnages du roman et les liens qui les unissent.

☐ Prépare une ligne du temps où tu placeras, dans l'ordre chronologique, les événements importants de la vie d'un des personnages principaux de ton roman.

☐ Imagine que tu es un ou une détective responsable de mener une enquête. Prépare un dossier confidentiel et complet au sujet d'un personnage de ton roman. Notes-y ses caractéristiques physiques et ses traits de caractère. N'oublie pas d'inclure une photo ou un portrait-robot de ce personnage.

☐ Fabrique une ou des cartes postales qui illustrent ta compréhension de divers éléments du roman. Au recto, dessine une scène pertinente qui représente bien les lieux où se déroule l'action. Au verso, compose un message lié au contexte, provenant d'un personnage du roman.

☐ Plie une feuille en deux dans le sens de la largeur. Plie ensuite cette feuille en trois. Les marques de pliage te permettront de fabriquer un feuillet à rabats. Tout en gardant la feuille pliée en deux, toujours dans le sens de la largeur, illustre, dans les trois sections du dessus, la situation initiale, une péripétie et le dénouement. Découpe, en suivant les marques de pli entre ces trois sections, jusqu'au centre de la page. Tu pourras alors soulever les illustrations une à la fois et écrire, derrière chacune d'elles, une description des actions et des émotions du personnage à ce moment de l'histoire.

☐ Note le titre du roman et les titres de ses chapitres. Prépare un tableau comme celui ci-dessous et notes-y les titres des chapitres aux bons endroits. Si les chapitres n'ont pas de titre, tu peux leur en donner un.

Titre du roman :

Obstacles/Péripéties

| Situation initiale | | | | |
| Événement perturbateur | | | | Dénouement |

CONVENTIONS LINGUISTIQUES — Questions pour montrer la compréhension des conventions linguistiques apprises.

☐ Choisis un des groupes d'homophones suivants : sur/sûr; sa/ça; ce/se; c'est/s'est/ses ou la/là.
Trouve quelques phrases du roman qui contiennent les mots choisis. Transcris ces phrases et note la page. Surligne chaque homophone et explique la raison pour laquelle il s'écrit ainsi.

☐ Les interjections évoquent une émotion ou un sentiment. Les interjections qui évoquent un bruit sont des onomatopées. Parfois, ces mots forment une phrase. Souvent, ils sont suivis d'un point d'exclamation. Cherche des interjections dans le roman que tu as lu, et classe-les dans un tableau semblable à celui ci-dessous.

Interjections qui évoquent un sentiment	Onomatopées
Hélas! (p. 24)	Boum! (p. 13)
Oh! (p. 32)	

☐ Décris la façon dont la ponctuation est utilisée pour présenter le dialogue dans le roman. Transcris, à titre d'exemple, une phrase tirée d'un dialogue dans le roman.

☐ Transcris trois phrases interrogatives, tirées du roman, et note la page où elles se trouvent. Imite la structure de ces phrases interrogatives en composant deux nouvelles phrases correspondant à chacune d'elles.
Exemple : *Joséphine tentera-t-elle un autre mauvais coup?* (p. 121)
   Salwa jouera-t-elle un autre morceau de piano?
   Nadine mangera-t-elle un autre sandwich aux œufs?

☐ Dans le roman, cherche des exemples de phrases complexes avec une proposition subordonnée qui joue le rôle de complément du verbe. Transcris les phrases, note la page et souligne la proposition subordonnée.
   a) Une proposition subordonnée qui a la fonction de complément d'objet direct.
   b) Une proposition subordonnée qui a la fonction de complément d'objet indirect.
   c) Une proposition subordonnée qui a la fonction de complément circonstanciel de temps.
   d) Une proposition subordonnée qui a la fonction de complément circonstanciel de cause.
   e) Une proposition subordonnée qui a la fonction de complément circonstanciel de lieu.

ÉCRITURE (tâches ouvertes)

☐ Écris une lettre à la direction d'une compagnie de jeux vidéos où tu lui proposes de créer un nouveau jeu, inspiré d'un roman que tu as lu. Donne-lui un aperçu des personnages, des décors, des aventures, des défis et de tout autre élément qui devrait, selon toi, faire partie de ce jeu. Propose-lui des idées quant à la publicité et à l'emballage.

☐ Prépare un signet qui fait la promotion d'un roman. Place le signet à la disposition de ton groupe-classe.

☐ Écris une lettre à l'auteur ou à l'auteure du roman que tu viens de lire. Propose-lui des idées pouvant faire l'objet de son prochain roman, qui mettra en vedette les personnages que tu viens de découvrir.

☐ Prépare une nouvelle jaquette qui recouvrira le roman.

☐ Crée la une d'un journal en t'inspirant des différents éléments du roman que tu as lu. Le contenu des articles, des photos et des caricatures, la publicité ainsi que le titre du journal doivent tous avoir un lien avec le roman.

☐ Prépare un message publicitaire qui paraîtra dans le journal ou qui passera à la radio pour encourager la lecture de ton roman.

☐ Écris une lettre d'opinion expliquant la raison pour laquelle tu souhaiterais, ou ne souhaiterais pas, changer de place avec un personnage de ton livre.

COMMUNICATION ORALE (tâches ouvertes)

☐ Participe au jeu des détectives du livre. Chaque élève prépare une fiche indiquant le titre, l'auteur ou l'auteure d'un roman dont elle ou il a fait la lecture, ainsi qu'une liste d'au moins dix questions se rapportant à ce roman. Pendant le jeu, un animateur ou une animatrice questionne trois élèves au sujet d'un roman donné. Parmi ces trois élèves, il s'en trouve un ou une qui a vraiment lu le livre. Le groupe-classe écoute attentivement et tente de découvrir qui a lu le roman. Un vote est pris dans le but de découvrir le lecteur ou la lectrice.

☐ Demande à un ou à une partenaire de dessiner le personnage que tu lui décris. Inspire-toi des descriptions du texte pour guider le mieux possible ton ou ta partenaire.

☐ Prépare un «rap» qui raconte les grandes lignes de ton roman. Enregistre-le sur bande audio.

☐ Joue le rôle d'un personnage du roman de façon à présenter un aperçu des péripéties vécues par ce personnage dans le roman. Ne dévoile pas le dénouement du roman et essaie d'inciter les élèves à le lire.

☐ Choisis un contenant quelconque qui servira à présenter ton roman. À l'extérieur de ce contenant, note le titre et l'auteur ou l'auteure du roman et ajoute des décorations appropriées. Dans le contenant, insère une dizaine d'objets qui représentent certains passages de ton roman. Présente ton roman au groupe-classe en sortant, un à un, les objets que tu as choisis. N'oublie pas de présenter tes objets dans l'ordre où les événements ont eu lieu dans le roman. Fais preuve d'originalité!.

Achevé d'imprimer en juin 2003
sur les presses du
Centre franco-ontarien de ressources pédagogiques.